BILL WINSTON

REVELANDO

⸺ TU ⸺

REALEZA

CASA
CREACIÓN
Para vivir la Palabra

Para vivir la Palabra

MANTÉNGANSE ALERTA;
PERMANEZCAN FIRMES EN LA FE;
SEAN VALIENTES Y FUERTES.
—1 CORINTIOS 16:13 (NVI)

Revelando tu realeza por Bill Winston
Publicado por Casa Creación
Miami, Florida
www.casacreacion.com
©2022 Derechos reservados

ISBN: 978-1-955682-82-4
E-book ISBN: 978-1-955682-83-1

Desarrollo editorial: *Grupo Nivel Uno, Inc.*
Adaptación de diseño interior y portada: *Grupo Nivel Uno, Inc.*

Publicado originalmente en inglés bajo el título:
Revelation of Royalty by Bill Winston
Publicado por Charisma House
Charisma Media/Charisma House Book Group
600 Rinehart Road, Lake Mary, Florida 32746
Copyright © 2021 by Bill Winston
Todos los derechos reservados.

Visita la página web del autor en www.billwinston.org.

Nota de la editorial: Aunque el autor hizo todo lo posible por proveer teléfonos
y páginas de internet correctos al momento de la publicación de este libro, ni la
editorial ni el autor se responsabilizan por errores o cambios que puedan surgir luego
de haberse publicado.

Impreso en Colombia

22 23 24 25 26 LBS 9 8 7 6 5 4 3 2 1

CONTENIDO

PREFACIO

HE ESCRITO MUCHOS libros pero este, que tienes en tus manos, es quizás uno de los más importantes debido a los tiempos que estamos viviendo. Hoy, como creyentes, debemos conocer nuestra realeza en Cristo y andar en su revelación.

Los que están familiarizados con mis enseñanzas saben que he predicado y enseñado la fe en la Palabra de Dios durante décadas. Sé por testimonio personal que, sin fe, es imposible agradar a Dios, hacer las cosas aquí o alcanzar el destino que él concibió para nosotros mientras estemos en la tierra.

Sin embargo, también he aprendido que aun cuando muchos creyentes piensen que tienen un problema de fe (como les ocurrió a los discípulos en Lucas 17:5 cuando clamaron: "Señor, auméntanos la fe"), lo que en realidad tienen es un problema de imagen.

Incluso después de su nuevo nacimiento en Jesucristo, muchos cristianos mantienen la imagen de inferioridad y escasez que entró en la humanidad cuando Adán y Eva desobedecieron en el jardín del Edén. Cuando Dios los echó de ese huerto, los seres humanos perdieron más que la provisión y la comunión con el Padre, también perdieron su identidad como realeza.

La buena noticia es que Jesucristo restauró esa identidad y esa realeza a todos los que creen en su nombre. La revelación de esta buena noticia, la manifestación de nuestra realeza, es lo que expongo en las páginas de este libro junto con mis propias experiencias, las que comprueban esa revelación. Permíteme que te cuente una de esas experiencias. Sin duda, el momento más grande que he experimentado fue cuando entregué mi vida al Señor Jesucristo. Nací de nuevo e instantáneamente sentí como si se me hubiera quitado un enorme peso de encima. Pero no pasó mucho tiempo después de ese gozoso encuentro que caí en la trampa de Satanás al seguir tratando de pagar por mis pecados.

En ese tiempo, vivía en un espacioso apartamento de tres habitaciones, conducía un hermoso automóvil deportivo y disfrutaba de un cómodo nivel de vida como un exitoso vendedor de computadoras. Pero la culpa me hizo reducir el tamaño de mi apartamento de lujo y vender mi costoso auto deportivo (a un precio tan bajo que un hombre me dijo: "¡Regalaste tu auto!"), reemplazándolo con uno viejo, averiado y oxidado que apenas funcionaba. Además, reduje mi círculo de amistades y terminé algunas de las mejores y más duraderas relaciones.

Entré al reino de Dios con una buena autoestima (aun como incrédulo). Fui piloto de guerra condecorado, hombre de negocios exitoso y tuve otras experiencias que afirmaban mi dignidad y mi valía. Sin embargo, poco a poco, permití que el enemigo me robara esa estima.

¿Qué estaba haciendo cuando lo regalé todo? Estaba tratando de limpiar mi conciencia, por la culpa y la vergüenza que sentía, debido a las cosas que había hecho antes de ser salvo. Intentaba agradar a Dios viviendo en la pobreza, pensando que eso me hacía humilde.

De acuerdo a Hebreos 11:6, la manera en que podía haber agradado a Dios era usando mi fe para pagar la mensualidad de mi automóvil deportivo, comprando todo el edificio de apartamentos (que estaba a punto de convertirse en condominios) y convertir a mis amigos al mostrarles esta nueva vida en el reino. Por desdicha, la sensación de indignidad no te permite pensar así. La conciencia del pecado no permite que recibas *mucho* de Dios y Satanás sabe que se necesita *una revelación* (no información) para traspasar esa barrera. Por eso es que escribí este libro: *Revelando tu realeza.*

Apocalipsis 19:16 dice: "En su manto y sobre el muslo lleva escrito este nombre: Rey de reyes y Señor de señores". Dios nos llama reyes.

A continuación tenemos algunas cosas que debes saber sobre un rey (y este título incluye a las mujeres):

- El rey no se equivoca. Al referirme a ese conocido refrán, no estoy diciendo que los reyes no cometan errores. Lo que quiero indicar es que no son oprimidos por la conciencia de pecado de la que hablé anteriormente. Están libres de vergüenza porque se dan cuenta de que son nuevas criaturas en Cristo (2 Corintios 5:17) y son justos a través de él (2 Corintios 5:21). "El rey habla de parte de Dios y no dicta sentencias injustas" (Proverbios 16:10 DHH).

- El rey vive por decreto. El rey no pide nada. Solo declara lo que quiere y los que lo rodean se apresuran a ver que se haga. "Puesto que la palabra del rey tiene autoridad, ¿quién puede pedirle cuentas?" (Eclesiastés 8:4 DHH).

- El rey no tiene miedo. Al león se le considera el intrépido rey de la selva. Proverbios dice que el león es "poderoso entre las bestias ... no retrocede ante nada" (30:30). No tiene miedo. Los creyentes somos descendientes del León de la tribu de Judá, Rey de reyes y Señor de señores.

El hecho de que el Espíritu Santo more en nosotros es para guiarnos a la grandeza. Él sabe que así como sucedió con Mefiboset, en 2 Samuel 9, las personas condenadas no pueden recibir su herencia aunque pertenezcan a una familia real. Solo aquellos que saben quiénes son pueden recibir las cosas que les corresponden por derecho. En efecto, tu herencia viene en igual proporción que tu nueva identidad.

Es por eso que escribí este libro, para ayudarte a verte a ti mismo como Dios te ve y para que obtengas la revelación de tu realeza.

Así que disfruta su lectura.

PRIMERA PARTE

POSESIÓNATE DE TU LUGAR EN EL REINO

CAPÍTULO 1

TU IDENTIDAD REAL

ERMÍTEME QUE TE recuerde quién eres.

Eres miembro de la familia real de Dios, el Soberano de todo el universo. Estás representado en sus retratos familiares más preciados. Eres un hijo del Rey de todos los reyes, el gobernante supremo sobre el cielo y la tierra. Él te ama, por lo que te ha dado una gran autoridad y te ha asignado tareas poderosas como miembro de su ilustre familia gobernante.

Posees privilegios reales, una perspectiva real, un comportamiento real y una riqueza real. Estás protegido y fortalecido en cada forma particular; además, ejerces autoridad sobrenatural sobre la tierra, tal como lo hace tu Padre. Su fuerza está a tu disposición en todos los modos, en todas las maneras y en todas las circunstancias. Estás diseñado para gobernar, reinar y decretar la voluntad de él tanto en este imperio como en el de los ángeles y los principados.

Estás exento de maldición, libre de todo afán, de todo peso para volar, estás preparado para prosperar, formado para gobernar, equipado para liderar. Todo eso fluye de tu identidad real, la que nunca se puede cambiar. Eso es lo que eres por siempre.

Desde el principio

Hay quienes podrían llamar a esto nada más que una charla divertida y un ánimo fútil. Pero es un hecho real. Te aseguro que la Biblia afirma y proclama que —en verdad— perteneces a la realeza, que eres una persona real. Lo reitera desde el primer capítulo hasta el último. Tu posición dinástica no es una invención humana ni una elaboración inteligente, es la idea inalterable de Dios. La gran necesidad en el cuerpo de Cristo actualmente es descubrir —o redescubrir— quiénes somos y actuar, en consecuencia, como realeza en la tierra.

Permíteme que indague tu linaje real. ¿Sabías que tu línea genealógica se remonta a Génesis 1? Nadie tiene más derecho a ser hijo o hija de Adán y Eva que tú, porque todos los humanos descienden de esta pareja original. Literalmente naciste en una linaje real. El primer hogar de la humanidad, un jardín llamado Edén, era nada menos que un puesto de avanzada del cielo en la tierra, una embajada, una extensión del cielo que nunca debió ser mutilada por el pecado.

En el Edén, Dios modeló sus planes para tu familia y la mía, para toda la raza humana. Él enseñó a Adán a administrar las realidades celestiales, los reinos y las riquezas celestiales. Dios les confirió a sus primeros hijos, el mismo poder y habilidad que usó para crear esta tierra. Esta es una declaración monumental. Como hijos del Rey, se les dio poder para continuar la obra de Dios y hacer que cada lugar de la tierra sea como el jardín del Edén. Así es como la Biblia resume lo que Dios les asignó como tarea a nuestros antepasados.

Y los bendijo Dios, y les dijo Dios: Fructificad y multiplicaos, y henchid la tierra, y sojuzgadla, y

señoread en los peces del mar, en las aves de los
cielos, y en todas las bestias que se mueve sobre
la tierra.

—GÉNESIS 1:28

El trabajo de Adán y Eva era hacer que la realidad celestial se extendiera por el resto del planeta. Edén fue su campo de entrenamiento, su modelo, su hogar inicial. La idea de Dios era que todo el mundo que rodeaba al jardín del Edén llegara a parecerse al Edén mediante el ejercicio de la autoridad y el poder imperial de los seres humanos. Eso sigue siendo el objetivo de la asignación de Cristo en nuestros días. Fuimos hechos para llevar las semillas de las realidades celestiales a cada lugar y situación que encontremos.

El reino de Dios en nuestro interior, que se expresa a través de nuestros valores, nuestra moral, nuestra creatividad y muchas otras maneras, es —por diseño— más grande que cualquier otra cosa en el mundo. El fruto que llevamos es de un orden superior: el orden celestial. Es por eso que los hijos reales de Dios crecen y se vuelven más grandes que los que nos rodean dondequiera que estemos plantados. Esa es la naturaleza del reino: influir completamente y saturar todos los ambientes de la tierra.

¡Es nuestra responsabilidad y alegría cumplir esas asignaciones!

CAÍDOS A NIVEL DE MALDICIÓN

Por supuesto, sabemos cómo sucedieron las cosas. Adán, por la desobediencia, hizo que la humanidad cayera al nivel de la maldición. Génesis capítulo 2 dice:

Dios el Señor tomó al hombre y lo puso en el jardín del Edén para que lo cultivara y lo cuidara, y le dio este mandato: "Puedes comer de todos los árboles del jardín, pero del árbol del conocimiento del bien y del mal no deberás comer. El día que de él comas, ciertamente morirás".

—GÉNESIS 2:15-17

Toda la humanidad estaba en Adán, por lo que la Biblia dice que "por cuanto todos pecaron, y están destituidos de la gloria de Dios" (Romanos 3:23) y "que la paga del pecado es muerte" (Romanos 6:23). Más que hacer algo que fuera pecaminoso, es que nacimos en pecado. Por lo tanto, como todos nacimos en pecado, todos debemos volver a nacer. Esto nos reconcilia con nuestros privilegios reales y nuestra misión en la tierra.

Sin embargo, aunque sobrevino la maldición, nuestra identidad a los ojos de Dios permaneció inalterable, no cambió ni un ápice. Ninguna maldición es lo suficientemente poderosa como para cambiar el plan definitivo de Dios.

- Él creó una raza de hijos (una nueva especie) para que fueran como él en identidad y poderío. Nos asignó la tarea de traer el cielo a la tierra.
- ¡Su voluntad con nosotros no cambia con el tiempo! Él es el mismo ayer, hoy y siempre.
- Los planes de Dios son tan buenos que nunca tiene que cambiar de parecer. Su propósito con sus hijos se estableció desde Génesis 1 y permanece fijo hoy, en tu vida y en la mía.

Es más, solo para estar seguros de que entendimos nuestro propósito fundamental, Dios repitió el mismo mandato que le había dado a Adán numerosas veces a lo largo de la Biblia. Por ejemplo, Dios le habló a Noé de la misma bendición que les habló a Adán y a Eva:

Dios bendijo a Noé y a sus hijos con estas palabras: "Sean fecundos, multiplíquense y llenen la tierra".

—GÉNESIS 9:1

En Génesis 12, Dios escogió a Abram (más tarde llamado Abraham) para caminar en esa misma identidad real. Al hacer eso, Abraham se convirtió en tu abuelo. Dios le prometió: "Haré de ti una nación grande, y te bendeciré; haré famoso tu nombre, y serás una bendición. Bendeciré a los que te bendigan y maldeciré a los que te maldigan; ¡por medio de ti serán bendecidas todas las familias de la tierra!" (vv. 2-3).

Esta promesa se refiere a ti específicamente. En la carta a los creyentes de Galacia, Pablo dejó esto claro al escribirles lo que sigue: "Y si ustedes pertenecen a Cristo, son la descendencia de Abraham y herederos según la promesa" (Gálatas 3:29).

No te estoy contando cuentos de hadas ni hablando de poesía, estoy detallando tu realidad familiar al pie de la letra. Si eres creyente en Cristo, eres simiente y heredero de Abraham. La Palabra de Dios promete que serás bendecido de la misma manera que Dios bendijo a Abraham. Tendrás todo lo que tenía Abraham, incluyendo una gran riqueza y la amistad con Dios. De hecho, tendrás todo eso pero en mayor medida que tu padre Abraham, puesto que el reino de Dios siempre se está expandiendo y aumentando.

Sin embargo, tenemos una mayor revelación y una gran relación con Dios a través de su Hijo, Jesucristo. De hecho, la Biblia dice que una vez que nacemos de nuevo, nos convertimos en "coherederos con Cristo" (Romanos 8:17). ¡Eso significa que tenemos la herencia de Jesús! Todo lo que él recibe, nosotros lo recibimos. ¿Qué recibirá Jesús? Las Escrituras dicen que él fue inmolado "para recibir poder, riquezas, sabiduría, fortaleza, honra, gloria y alabanza" (Apocalipsis 5:12). Debido a que somos coherederos con Cristo, esas bendiciones están a disposición de todos los miembros del cuerpo de Cristo. Poseemos eternamente la autoridad y los medios para cambiar, reorganizar y someter cualquier lugar de la tierra para la gloria de Dios.

Es posible que estés en un punto bajo en este momento. Es probable que hayas cometido muchos errores pecaminosos y que tu vida esté en malas condiciones. O puede que hayas tenido mucho éxito pero te sientas vacío y desconectado de tu propósito final. La solución para cada uno de nosotros es la misma: reclamar nuestra identidad real o dinástica. Tu identidad real convertirá el luto en alegría, la pobreza en abundancia, el sufrimiento en salvación, el fracaso en éxito y mucho más. Te llevará más allá de todas las limitaciones que las personas te han impuesto o incluso tú mismo. No importa cuán destrozada o caótica se haya vuelto la situación de tu vida; tu identidad real resolverá cualquier problema.

Pero tienes que saber quién eres.

ABRAZA TU IMAGEN ORIGINAL

La gente no tiene más remedio que ser real. Dios "te enviará su bendición … y te bendecirá en la tierra que Jehová tu Dios te da" (Deuteronomio 28:8). Él no puede ni quiere retractarse nunca. La bendición de nuestra naturaleza real no puede ser anulada por personas, principados ni por el mismo diablo. No hay nada que hayas hecho que pueda interponerse en el camino de tu identidad real operando en tu vida. Punto.

Sin embargo, aun cuando no podemos cambiar nuestra identidad, tenemos dominio sobre la cantidad de nuestra herencia en la que caminamos. Tu herencia, que fluye desde Adán y Abraham, se manifiesta en proporción a la imagen propia que adoptas por fe. Cierto hombre de Dios lo dijo de esta manera: "Tu herencia viene solo en proporción a tu nueva identidad". La mayor parte de lo que recibimos se basa en nuestra imagen. La pregunta es: ¿te ves con eso? Si no lo ves, no lo obtendrás. Se puede culpar a las personas, a los poderes, a las instituciones, a los políticos, a los jefes, a los vecinos, etc., pero pienso así como le gustaba citar las Escrituras a mi héroe Booker T. Washington: "Así como piensa [el hombre] en su corazón, así es él" (Proverbios 23:7, parafraseado). Te conviertes en lo que crees que eres. Lo que crees sobre ti mismo es lo que terminas siendo.

Escúchame con atención: lo que recibes no solo se trata de lo que quieres; se trata de la imagen que tienes de ti mismo. Esa imagen se convierte en el imán que atrae a los iguales. Ello determina el monto de la herencia que poseerás.

En 2 Corintios 3:18, Pablo dice que estamos cambiando a la misma imagen de Jesús. Eso parece una declaración sorprendente. Sin embargo, ¿qué dijo Dios al principio? "Hagamos al hombre a nuestra imagen" (Génesis 1:26). La declaración de Pablo nos sorprende solo cuando nos vendemos por debajo de lo que somos. Lo primero que Dios hace cuando naces de nuevo es tener comunión contigo. Pero no puedes tener comunión con alguien que no está a tu nivel, por así decirlo. Así que inmediatamente se pone a trabajar en la imagen que tienes de ti mismo, asegurándote que te hizo como él, a su imagen. Porque perteneces a su compañía.

Es casi blasfemo degradar una imagen que Dios hizo para reflejar la suya. Tu imagen no puede verse afectada por tu pasado ni por tus problemas. Esta imagen no se basa en el color. No se basa en tus antecedentes. Tu imagen es perfecta y atemporal: solo necesitas declarar y afirmar con alegría que esto es lo que eres.

Insiste en tu identidad

Dios ha estructurado su reino para que todo se reciba por fe, así que debemos andar en nuestra realeza por fe. La Biblia dice: "Como él [Jesús] es, así somos nosotros en este mundo" (1 Juan 4:17). Dios no te ve en tu posición actual sino como la persona de la realeza que ideó que fueras. ¡Tú eres, literalmente, "un espíritu con Jesús" (ver 1 Corintios 6:17) y estás hecho a su imagen!

- Tienes su vida.
- Tienes su mente.
- Tienes su naturaleza.
- Tienes su Espíritu.
- Tienes su nombre.
- Tienes su habilidad.
- Tienes su carácter.
- Tienes su bendición.
- Tienes su fe.
- Tienes su amor.

Todas estas cosas y un millón más están dentro de ti porque eres portador de la imagen de Dios. Así que puedes declarar en voz alta (¡y te animo a que lo hagas!) lo siguiente: "Estoy hecho a imagen y semejanza de Dios. Tengo su Espíritu. Tengo su mente. Tengo su amor" y así sucesivamente. Toma posesión de tu identidad. Aduéñate de tu tarea. Dios ya ha designado tu victoria. Él ya ha determinado que eres invencible, indestructible, imparable e indispensable. ¡Como él es, así eres tú en este mundo! "A Dios gracias, el cual nos lleva siempre en triunfo en Cristo Jesús" (2 Corintios 2:14 RVR1960).

Abraham tuvo que aprender a verse a sí mismo como el padre de una gran nación. María debía verse a sí misma como la que daría a luz al Mesías, el Hijo de Dios. Gedeón tuvo que verse a sí mismo como un poderoso hombre de valor. Nehemías tuvo que verse a sí mismo como un constructor de muros. Y así sucesivamente. Para que podamos hacer las obras de Dios, primero debemos comprender la imagen que él tiene de nosotros. Debemos creer que sus obras poderosas pueden realizarse a través de nosotros, ya que "el que cree en mí hará las mismas obras que yo hago, y hará obras todavía mayores" (Juan 14:12). Como hijos reales del Dios Altísimo, nuestro Creador nos ha dado el poder de ejercer el gobierno más poderoso que el mundo jamás haya visto: el reino de Dios.

Acojamos nuestra imagen original y caminemos en nuestras reales y majestuosas asignaciones. Esto conviene a nuestro estatus real y es el fruto de nuestra naturaleza real. ¿Cómo llevamos a cabo esto? Veámoslo más de cerca.

CAPÍTULO 2

REYES Y REINAS EN EL GOBIERNO DE DIOS

⧩ ——————————— ⧩

ERES DE ESA clase de personas proactivas? ¿Eres de los que les gusta establecer la agenda, ocasionalmente mandar a algunas personas y que las cosas se hagan? ¿Crees firmemente que tus ideas deberían cambiar al mundo? Si es así, lo que pasa es que ¡tu naturaleza real está saliendo a la luz! No puedes cambiar eso. Para eso fuiste hecho: para gobernar y reinar.

Cada uno de nosotros fuimos creados, por diseño, con una mentalidad de dominio. En Génesis 1, Dios dijo: "Hagamos al hombre a nuestra imagen … y señoree" (v. 26 RVR1960). Nota que Dios no dijo: "Señoreemos". Él dijo: "Señoreen". Al decir *ellos* se refería a Adán y a Eva. Esta es una gran declaración, porque como descendientes de Adán, se nos ha dado ese dominio. Esa es la herencia de los hijos de Dios.

Lo que heredamos es el gobierno de Dios en cuanto al reino terrenal, cosa que decidió compartir con nosotros. Somos sus socios eternos en este plan. Es por eso que Efesios 5:1 dice: "Por tanto, imiten a Dios [cópienlo y sigan

su ejemplo], [imiten a su padre] como hijos muy amados".
¿Cómo seguimos su ejemplo? Estableciendo su gobierno
donde sea que nos envíe.

PEQUEÑOS CÉSARES

La mayoría de las personas en los países occidentales no
entienden la palabra *dominio*. Es más, asusta a muchas
de ellas. Los occidentales están acostumbrados a la demo-
cracia, las repúblicas y los gobiernos fundados y contro-
lados por el pueblo y para el pueblo. En otras palabras, a
los occidentales les gusta encargarse de sus gobiernos. En
las democracias y las repúblicas democráticas, la pobla-
ción en general tiene poder para hacer leyes. En un sistema mundial caído, como el presente, estos pueden ser los
mejores tipos de gobiernos puesto que ayudan a mantener
el poder absoluto fuera del alcance de cualquier persona.
Pero nuestro pensamiento occidental no refleja con precisión la estructura del gobierno de Dios.

Dios es perfecto. Él no necesita ser limitado ni equilibrado.

Por eso el gobierno de Dios no es democrático, es teo-
crático. Es soberano. Es una monarquía, gobiernan el Rey
y su familia. Muchos occidentales retroceden ante la idea
de ser dirigidos por reyes, monarcas y soberanos porque
a lo largo de la historia esos líderes subyugaron a las personas, pisoteando sus derechos y sus amparos legales. En
la historia estadounidense, los que ejercían el poder abu-
saban de él a través de la esclavitud. Pero no hemos vivido
bajo el mandato del Rey perfecto ni bajo el dominio de sus
obedientes hijos. Ese es el plan escogido por Dios para la
tierra y marca cada tarea, grande o pequeña, que nos asigna a cada uno de nosotros como individuos.

Jesucristo, en definitiva, vino a gobernar. Cuando los cristianos occidentales resumen la tarea de Jesús, normalmente dicen: "Predicaba el evangelio, sanaba a los enfermos y dio su vida para expiar nuestros pecados". Todo eso es cierto, pero considera sus primeras palabras cuando empezó en el ministerio: "Arrepentíos, porque el reino de los cielos se ha acercado" (Mateo 4:17 RVR1960). Lo primero que le ordenó a toda la humanidad fue que se arrepintieran porque no tenían una mentalidad de reino. No existe tal cosa como un reino sin rey. Jesús no vino solo a sanar y a predicar sino a volver a enseñar sobre el reino. Tuvo que cambiar la forma en que la gente pensaba para que actuaran de la manera en la que se ideó que se comportaran. Tuvo que volver a presentarles las realidades del jardín del Edén, el gobierno del reino, para que la gente se diera cuenta de su realeza.

Insisto, el mensaje de Jesús no fue: "Sálvense para que ustedes también puedan escapar de esta tierra corrupta e ir al cielo para siempre. Les dejaremos la tierra a los pecadores". ¡No! Su mensaje fue todo lo contrario: "El cielo viene a la tierra tal como Dios lo planeó inicialmente. El plan no ha cambiado ni tampoco tu identidad. Es posible que hayas olvidado tu identidad, pero ahora es el momento de arrepentirte de eso y abrazar, nuevamente, tu mentalidad dominante. ¡Ustedes son mis coherederos, mis cogobernantes, por lo que es hora de dar un paso al frente!". Su reino es un gobierno de reyes: ¡reyes como tú y como yo! La Biblia afirma que "nosotros, por nuestra parte, tenemos la mente de Cristo" (1 Corintios 2:16), que es la mentalidad de señorío de Jesús, que regresará para gobernar e imperar como "Rey de reyes y Señor de señores" (1 Timoteo 6:15), el Soberano que gobierna con una familia real.

Dominio, no dominación

La palabra dominio —o señorío— no implica dominar con egoísmo. Más bien, se refiere a territorio, jurisdicción, gobierno, gestión, realeza, administración. Establecemos un estandarte real dondequiera que vamos mediante la práctica de una mayordomía y un señorío piadosos. Cuidamos la tierra para Dios. Servimos a los demás con la autoridad que se nos da. Fuimos hechos para ejercer el señorío aquí. No para que buscáramos a tientas las cosas ni para luchar por la fe. Dios esperaba que Adán y todos los que vinieran después de él funcionaran como representantes plenamente autorizados de la casa real.

Vemos este modelo oculto a simple vista en los evangelios, en el que César —el gobernante romano— asignó personas —como Herodes y Pilato— para que gobernaran diversas jurisdicciones como sus representantes. Eran hombres impíos en un imperio violento e idólatra, pero la estructura gubernamental de ese imperio, y de muchos otros, se parecía más al gobierno del reino de Dios que muchos de los imperios occidentales modernos. Gobernantes como Herodes y Pilato no se representaban a sí mismos sino a César. Por eso tuvieron miedo cuando los líderes religiosos de Israel los amenazaron diciendo: "Si a este sueltas, no eres amigo de César" (ver Juan 19:12-15). Lo último que querían era que los denunciaran ante César por no administrar sus jurisdicciones de acuerdo a su voluntad. Si hacían eso, César podría retirarlos. Así que ejercían su gestión de dominio o señorío siguiendo instrucciones de Roma.

Cuando los hijos de Dios operan con su identidad real, eso bendice a toda la tierra. Nadie es oprimido, privado de sus derechos ni privado de poder como muchos lo estaban en Roma (en Babilonia y en todos los demás gobiernos impíos del hombre). En el reino de Dios, todo y todos son elevados a un estándar mucho más alto en cada área de la vida. Pero si los hijos de Dios no operan en su identidad real, eso es desastroso para toda la sociedad. Eclesiastés dice: "¡Ay de ti, tierra, cuando tu rey es muchacho ... ¡Bienaventurada tú, tierra, cuando tu rey es hijo de nobles!" (10:16-17 RVR1960).

A menos que nos comportemos como la realeza que somos, habrá infortunio en la tierra. Esa es una gran razón por la que Jesús dijo que hay graves consecuencias cuando se impide que las personas cumplan con el señorío. En Mateo 23:13, Jesús les dijo a unos poderosos líderes religiosos: "¡Ay de ustedes ... Les cierran a los demás el reino de los cielos, y ni entran ustedes ni dejan entrar a los que intentan hacerlo". Esos líderes religiosos impedían, minuciosamente, que la gente ejerciera el señorío ordenado en Génesis 1. ¡Qué peligroso! En un patético esfuerzo por controlar a sus seguidores, privaban a las personas de la imagen real que les daría poder para realizar las tareas del reino. Eso trajo cierta aflicción a la tierra.

Por tanto, debemos rechazar el pensamiento corrupto del sistema mundial, que trata de desacreditar al Rey y anular el llamado de cada hijo e hija de Dios. Debemos deshacernos de la cultura y de las tradiciones impuestas por nuestro modo de pensar occidental, las cuales invalidan la forma y estructura del gobierno de Dios. Debemos estudiar al único reino verdadero para desarrollar reyes y reinas en nosotros. "¡Arrepentíos, porque el reino de los cielos se ha acercado!".

LA REVELACIÓN DE LA REALEZA
DEL HIJO PRÓDIGO

Una de las imágenes más claras que aparecen en la Biblia acerca de una persona que se percata de su realeza se ve en la historia que Jesús contó sobre un heredero real que inicialmente rechazó su imagen majestuosa. (Ver Lucas 15:11-32). A este hombre, a menudo, se le llama el hijo pródigo, pero en verdad es un héroe en la historia y, en muchos sentidos, su travesía representa la tuya y la mía.

El hijo pródigo nació en la riqueza, en alta posición y en una esfera de autoridad, al igual que nosotros. Su padre tenía muchas posesiones, pero lo que este hijo tenía era poco aprecio por su identidad. De modo que decidió dejar el hogar y buscar la gratificación mundana, aunque su identidad real nunca lo abandonó. Después de cosechar las consecuencias de sus vagabunderías y su libertinaje, se halló viviendo de las sobras en un corral de cerdos. Ahí fue donde se dio cuenta de quién era en realidad: era un heredero real.

Esa identidad estaba intacta, aunque es probable que estuviera en la posición más degradante en la que una persona pueda estar y, además, hambriento. De modo que en un momento de reflexión se dijo: "¡Cuántos jornaleros de mi padre tienen comida de sobra, y yo aquí me muero de hambre!". (Ver el versículo 17). Ese atisbo de identidad fue suficiente para estimular su fe y sacarlo del lodo y ponerlo en el camino de regreso a casa. Estaba hambriento de lo que era y cansado de lo que no era.

Cuando el hijo llegó a casa, su padre hizo algo asombroso. Ignorando la disculpa presentada por su hijo, el padre restauró por completo al antiguo pródigo en el acto, dándole las herramientas y los símbolos de autoridad: túnica, zapatos y un anillo. Volveremos a este aspecto de la historia más adelante, pero lo que sucede a continuación arroja mucha luz en cuanto al hijo que ahora cobró conciencia de su realeza y el que aún no la tomó en cuenta. Verás, el hijo pródigo tenía un hermano mayor cuya travesía no fue tan beneficiosa.

Ese hermano mayor vivía en la casa de su padre y servía fielmente (al menos según su propia descripción), pero no tenía ninguna revelación de realeza. Era un hombre pobre en una familia rica. Esto describe perfectamente a tantos cristianos en la actualidad. Están en la familia de Dios pero no experimentan los beneficios de su identidad real. Es más, ¡siguen siendo indigentes en el hogar más rico que se pueda imaginar!

El hijo pródigo progresó en cuanto a la revelación de su identidad. Alcanzó la provisión y el estatus de su identidad al ponerse de acuerdo con su propia imagen (con la generosa ayuda de su padre). El hermano mayor, sin embargo, permaneció con una mentalidad mendigante y de arduo trabajo. Debido a que no había obtenido la revelación de su realeza, vivía como un sirviente, quejándose de que su padre nunca le había dado ni una cabra para un banquete, cuando —en realidad— las guarniciones para ese festín estuvieron todo el tiempo en su refrigerador.

Podríamos decir que esta es la parábola de la revelación de la realeza. Cuando el talentoso músico Donald Lawrence venía a nuestra iglesia, cantaba acerca de restaurar una mente recta. Y eso es exactamente lo que muestra esta parábola. El pródigo progresó en la revelación de su identidad. El hermano mayor no lo hizo. De la misma manera, algunos creyentes progresan en la revelación de su identidad mientras que otros optan por no hacerlo.

Nacido en el palacio

Por supuesto, hay algunas personas que quieren vivir con todos los beneficios del reino sin —realmente— nacer de nuevo. Tratan de dar los pasos 2, 3, 4 y 5 sin comenzar con el primero: decirle sí a Jesús y a su identidad como hijos de Dios. Para caminar en la realeza, debemos nacer de nuevo en la familia real. Yo diría que, para el hijo pródigo, esto sucedió cuando estaba con los cerdos en el corral. Salvación, lo cual requiere arrepentimiento, es el primer paso para ganar el reino y caminar en la realidad de tu realeza.

Para mí, eso sucedió cuando trabajaba en ventas de computadoras en la empresa IBM, en Chicago. Una administradora de IBM me invitó a salir con ella; como no estaba casado en ese momento, lo vi como una oportunidad para una cita. Pero cuando le pregunté a dónde quería ir, dijo misteriosamente: "Te llevaré a un lugar". Accedí a lo que me dijo, pensando que íbamos a un club.

Así que me llevó a un lugar, ¡una reunión en una iglesia! No sabía que era católica carismática. Nos detuvimos en el patio de una escuela y entramos por la puerta trasera de un auditorio. La gente cantaba y levantaba las manos. ¡Eso, en verdad, no era un club! Sin embargo, esa noche se convirtió en el punto de inflexión de mi vida. Escuché las palabras del expositor y el evangelio caló en mí. Le entregué mi vida al Señor y todo pasó a otro nivel. Fui empoderado en muchas maneras. Había dado el primer paso.

Cuando das el primer paso, naces del vientre del Espíritu Santo. Cobras vida espiritualmente. Al igual que el hijo pródigo, agarras cada parte de la realeza que alguna vez poseerás porque toda tu identidad se concreta de una vez. Se necesita tiempo para caminar a la imagen de Dios, como dice Pablo, somos cambiados de gloria en gloria, pero nuestra entrada a la casa es segura. Inmediatamente nos encontramos caminando en las buenas obras que él ordenó para nosotros antes de la fundación del mundo, obras que solo podemos hacer con la habilidad divina. Solo aquellos que han abrazado y aceptado su identidad real pueden caminar en las asignaciones y el poder del Rey, como el hijo pródigo que una vez consciente de su verdadera valía caminó en los zapatos reales. El Padre solo le da su calzado, su manto y su anillo a aquellos que operan en su naturaleza divina caracterizada por el amor, la paz, el gozo, la abnegación y otras peculiaridades del reino.

USTEDES SON DIOSES

La Biblia dice algo realmente asombroso que muchas personas pasan por alto o evitan tratarlo porque no lo han entendido. Lo encuentras en el Salmo 82, donde afirma —de manera clara— lo siguiente: "Yo les he dicho: Ustedes son dioses; todos ustedes son hijos del Altísimo" (v. 6).

El "ustedes" a los que él se refiere aquí se indica en el versículo 1, que dice: "Dios preside el consejo celestial; entre los dioses dicta sentencia". Dios no estaba hablando consigo mismo, con el Hijo ni con el Espíritu Santo. Estaba hablando con su descendencia, que somos tú y yo. Hechos 17:29 afirma esta descripción cuando dice que somos "descendientes de Dios".

Muchos pastores y maestros de la Biblia evitan enseñar esta realidad por temor a que algunos en sus congregaciones lo tomen a mal y caigan en el orgullo. Otros simplemente no entienden el reino de Dios y nuestra posición en él. Como resultado, sus congregaciones siguen confundidas en cuanto a su identidad.

Seamos claros: la humanidad no es soberana ni todopoderosa. Hay un solo Dios y un solo Señor y Salvador, Jesucristo, el cual sufrió, murió y resucitó de entre los muertos para que pudiéramos reunirnos con el Padre. Pero fue el propio Jesús el que citó estas mismas palabras del Salmo 82 en una confrontación con unos líderes religiosos en el templo de Jerusalén. Veamos:

> "Entonces lo rodearon los judíos y le preguntaron: ¿Hasta cuándo vas a tenernos en suspenso? Si tú eres el Cristo, dínoslo con franqueza. Ya se lo he dicho a ustedes, y no lo creen. Las obras que hago en nombre de mi Padre son las que me acreditan..." "¿Y acaso —respondió Jesús— no está escrito en su ley: Yo he dicho que ustedes son dioses? Si Dios llamó 'dioses' a aquellos para quienes vino la palabra (y la Escritura no puede ser quebrantada), ¿por qué acusan de blasfemia a quien el Padre apartó para sí y envió al mundo? ¿Tan solo porque dijo: 'Yo soy el Hijo de Dios'?"
>
> —Juan 10:24-25, 34-36

Dios quiere que sepas que Cristo es en ti, "la esperanza de gloria" (Colosenses 1:27), lo cual es una expresión de todo el potencial que tienes en él. Satanás lucha contra esta revelación con uñas y dientes porque, a menos que te percibas en la categoría de Dios, como dijo el difunto evangelista T. L. Osborn, es difícil creer que puedas recibir las cosas preciosas que Dios te tiene reservadas. Tu herencia viene solo en proporción a tu nueva identidad.

Debemos extraer nuestra identidad de la Biblia, no de los medios ni la cultura en la que vivimos. Debemos estudiar las Escrituras para aprender quiénes dice Dios que somos nosotros. Y lo que sea que él diga que somos, ¡eso es lo que somos! La Palabra de Dios no puede ser quebrantada ni alterada. Amigo, "tú eres dios". La gente puede querer apedrearte por declarar esta revelación, pero Dios no tiene ningún problema con eso. Él es aquel que dijo: "Hagamos al hombre a nuestra imagen, conforme a nuestra semejanza" (Génesis 1:26 RVR1960). Dios sabe que nunca seremos Dios con "d" mayúscula. Pero él nos hizo para que estemos en la categoría de Dios, por lo que nos llama "dioses".

La medida en que creas en esto determinará cuánto manifiestes el poder de esta realidad. Tu imagen establece los límites de lo que Dios puede obrar a través de ti. Debes creer que tienes lo que se necesita para manifestar lo que Dios te está guiando a hacer. Recuerda: somos llamados "creyentes", no "escépticos". Marcos 9:23 (RVR1960) afirma: "Si puedes creer, al que cree todo le es posible". Jesús dijo en otra parte: "El que cree en mí, las obras que yo hago, él también las hará; y aun las hará mayores, porque yo vuelvo al Padre" (Juan 14:12).

Creo que parte de esas "obras mayores" incluye erradicar la pobreza, detener la violencia en nuestros vecindarios urbanos, rehabilitar a los que estuvieron encarcelados, reconstruir nuestras comunidades y ciudades de forma tal que se conviertan en un jardín del Edén. Solo a través del reino superior de Dios y su poder sobrenatural puede darse este nivel de transformación, una que no deja rastro de las condiciones anteriores causadas por la maldición o incluso por nuestros traspiés.

Sin embargo, mucha gente permanece con los pies arraigados en donde está, renegándose a andar por los caminos del reino.

SOMOS LOS GOBERNADORES DE DIOS

Un problema importante en la familia de Dios es la cantidad de personas que nacen de nuevo pero que no avanzan en los propósitos que Dios tiene con ellos. La salvación, por invaluable que sea, es solo la entrada a la casa del Padre. El propósito de la salvación no es simplemente alcanzar a entrar por la puerta. No puedes recibir una herencia en el vestíbulo. Jesús dijo que en la casa de su Padre hay muchas mansiones. Pero él quiere que entremos y exploremos el resto de la mansión nuestra. Quiere que revisemos cada habitación en cada piso, cada rincón, cada accesorio y la más mínima pieza del mobiliario. ¿Por qué? Porque somos dueños, con él, de esa mansión.

En la parábola del hijo pródigo, cuando el hijo errante regresó a su casa arrepentido de corazón, la gente llenó el lugar celebrando el banquete por tan grande acontecimiento. Eran dueños del lugar, por así decirlo. Se sentían cómodos allí, empoderados, libres para celebrar y servir. Esa es también nuestro llamado. Muchos creyentes se paran en la puerta principal y, de alguna manera, se convencen de que la salvación es lo único que han ganado y que su mayor desafío es mantenerse salvos hasta que vayan al cielo. ¡Qué trágico! Nacer de nuevo y estar consciente de tu realeza solo es el comienzo de un estilo de vida que Dios te prometió aquí en la tierra. ¡Se supone que debes recibir todas las promesas que vienen con la casa de Papá!

Si hubiera una segunda parte de la parábola del hijo pródigo (y tal vez en el cielo la haya), no tengo ninguna duda de que mostraría al hijo menor gobernando y reinando sobre el patrimonio de su padre. ¿Por qué sabemos esto?

Porque el hecho de que su padre le diera la túnica real y el anillo, indicaba que era hora de que el hijo pródigo ejecutara la voluntad del padre en el reino paterno. Habiendo realizado y entendido su realeza, el hijo menor estaba preparado para gobernar bien, mientras que el mayor todavía tenía lecciones que aprender para salir de una mentalidad de privación, mendicidad y trabajo arduo. Esta es una parábola asombrosa que trata acerca de tu identidad y lo que te sucede cuando tienes una revelación de la realeza e insistes en tu verdadera identidad. Todos deberíamos aspirar a ser como el hijo pródigo.

CÓMO SE VE EL GOBIERNO DE DIOS

Proverbios 8 nos asegura que por la sabiduría gobiernan los reyes y los gobernantes dictan justicia (v. 15). Cuando la imagen de un rey o una reina es correcta, la sabiduría de Dios se derrama a través de su toma de decisiones. Cada rey y cada reina, cada gobernante y cada señor debe operar con sabiduría. Dios no fluirá a través de una persona con una mala imagen de sí mismo, ya que las decisiones mismas serán contaminadas e injustas. El profeta Isaías describe la clase de gobierno que Jesús establecería y que nosotros administraríamos sobre la tierra:

> Porque un niño nos es nacido, hijo nos es dado, y el principado sobre su hombro; y se llamará su nombre Admirable, Consejero, Dios Fuerte, Padre Eterno, Príncipe de Paz. Lo dilatado de su imperio y la paz no tendrán fin.
>
> —ISAÍAS 9:6-7 RVR1960

El gobierno de Dios se describe aquí como maravilloso, colmado de perfecto consejo, poderoso, eterno, lleno de paz, en constante crecimiento. Eso es porque el Rey mismo es maravilloso, consejero perfecto, poderoso, eterno y lleno de paz. Cuando lo vemos por lo que él es, nos vemos a nosotros mismos por lo que él nos hizo ser. Nuestras imágenes se alinean, por lo que gobernamos con esas mismas características.

Es por eso que Jesús nos dijo que oráramos: "Venga tu reino, hágase tu voluntad en la tierra como en el cielo" (Mateo 6:10). Estaba reafirmando lo mismo que Dios expresó en Génesis 1:28 (RVR1960) cuando creó a Adán y a Eva: "Y los bendijo Dios, y les dijo: Fructificad y multiplicaos, y henchid la tierra, y sojuzgadla". Su plan para la humanidad nunca ha cambiado. Establecer su reino es incluso la base de nuestra vida de oración, según Jesús.

Nuestro propósito como iglesia es traer el gobierno de Dios a la autoridad sobre la tierra. Este gobierno de Dios es más poderoso que cualquier otro que haya existido o que haya de existir. Es hora de que los creyentes se apropien de su identidad real y gobiernen extraordinariamente en todas las esferas de la sociedad. Es tiempo de que la iglesia termine lo que Adán comenzó y opere en el dominio fructífero del reino de Dios aquí y ahora.

CAPÍTULO 3

ENEMIGOS DE LA REALEZA

A NTES DE PROFUNDIZAR en cómo operar dentro del gobierno de Dios, echemos un vistazo por un momento a las tácticas de la oposición, específicamente al reino de las tinieblas que el enemigo está tratando de construir sobre la tierra.

El perverso reino de Satanás se basa en valores opuestos a los del reino de Dios. Basta con que pienses en lo contrario a cada principio celestial y obtendrás una imagen precisa de lo que Satanás quiere. Por desdicha, muchos creyentes prefieren permanecer esclavizados en este reino oscuro aun después de nacer de nuevo. ¡Pero ya no tienes que vivir en ese tenebroso reino! Expongamos los principios de Satanás para que erradiquemos su influencia en lo que es nuestra verdadera realeza.

EL REINO DE LOS ESCLAVOS DE SATANÁS

Aunque el reino de Dios opera sobre perfectos principios de amor, gozo, paz, paciencia, integridad, conducta dinástica, provisión celestial y mucho más, el reino de Satanás opera sobre fundamentos inferiores como la mentira, el engaño, la venganza, el odio, el abuso y otros principios mediocres y degradantes. Esos elementos no construyen sino que destruyen y mantienen a las personas atrapadas en sentimientos de caos y terror. Los demonios trabajan para crear ambientes que refuercen el poder de Satanás a expensas de los hijos reales de Dios y la dignidad humana básica.

Por desdicha, algunas personas nacidas de nuevo observan los caminos de otros individuos que no son salvos —aunque son "exitosos"—, por lo que los admiran, leen sus libros y emulan sus prácticas. El problema es que las tácticas de esos individuos, por lo general, incluyen formas perversas de manipulación, autopromoción, etc. Los caminos de Satanás (que son los caminos del mundo) nunca construyen el gobierno del reino de Dios ni contribuyen a su funcionamiento. Son totalmente ineficaces, inferiores y desacertados. "¿Qué armonía tiene Cristo con el diablo? ¿Qué tiene en común un creyente con un incrédulo?", preguntó el apóstol Pablo (ver 2 Corintios 6:15). Por esta razón, Proverbios 14:12 nos instruye que hay un camino que parece derecho pero lleva a la destrucción. Las personas que funcionan bajo los principios de Satanás pueden prosperar a corto plazo, pero los efectos a largo plazo siempre son destructivos. Ese es el objetivo de Satanás: destruir (Juan 10:10).

¿Cómo hace esto nuestro enemigo? Siempre comienza con lo mismo: con tu imagen.

Imagen de inferioridad

La creencia elemental que Satanás trata de inculcar en todas las personas, sobre todo en los hijos de Dios, es la mentalidad o imagen de inferioridad, que es lo opuesto a la realeza. La inferioridad hace que el hijo de Dios no vea ni abrace su verdadera imagen; además de que excluye a los hijos de Dios de su herencia. La mentalidad o imagen de inferioridad potencia todos los comportamientos y creencias dañinos que siguen en su terrible camino.

Sufrir de una imagen de inferioridad simplemente significa que te sientes inferior en estatus, inferior en valor, rezagado en provisión y protección. Los psicólogos, a menudo, usan la frase *complejo de inferioridad*: sentimientos de insuficiencia o la creencia de que uno es deficiente en comparación con los demás. Esa es una mentira que, cuando se cree, impide que el poder de la verdad funcione en tu vida.

La imagen de inferioridad puede verse de distintas maneras en diversas personas. Algunos bajan la cabeza y mantienen la mirada baja, manifestando el odio —que Satanás les susurra— a sí mismos. Otros reaccionan de forma opuesta, por lo que tratan de exaltarse a sí mismos o hablan con jactancia para encubrir sentimientos de vergüenza o insuficiencia. Aun otros se vuelven demasiado sensibles a las críticas, mientras que hay los que parecen invitar a las críticas y aceptan comentarios duros o abusivos porque confirman su supuesta inferioridad. No hay un solo defecto obvio que veamos en aquellos que sufren de un complejo de inferioridad. Las manifestaciones pueden adoptar muchas modalidades.

Incluso el gran líder Moisés padecía una complejo de inferioridad. Esa anomalía hizo que Moisés tratara de convencer a Dios de que él no era la persona adecuada para presentarse ante Faraón y liberar a su pueblo. "¡Ay, Señor! nunca he sido hombre de fácil palabra, ni antes, ni desde que tú hablas a tu siervo; porque soy tardo en el habla y torpe de lengua. Y Jehová le respondió: ¿Quién dio la boca al hombre? ¿o quién hizo al mudo y al sordo, al que ve y al ciego? ¿No soy yo Jehová?" (Éxodo 4:10-11). En otras palabras, Dios le estaba diciendo: "No degrades lo que he exaltado. No hagas inferior lo que yo he hecho superior. Hice al hombre e hice tu boca. Sé lo poderosa que es y cómo la voy a usar para liberar a toda una nación de la esclavitud". Dios sabe lo que vale todo en la creación. Él no nos valora por debajo de nuestra imagen dinástica. De modo que, ¿quién te hizo? ¡Dios! ¡Casi nada! Dios es el que te hizo.

Muchos hijos de Dios hoy necesitan ser liberados de la esclavitud en la que los tiene el complejo de inferioridad. Al igual que con los hijos de Israel en la tierra de Egipto, el enemigo ha convencido a muchos hijos de la realeza de que son esclavos, aunque —en realidad— no lo sean. Todo lo que él necesita es que ellos le den la razón, por lo que trabaja fuerte para persuadirnos a cada uno de nosotros de nuestra bajeza y nuestra carencia. Él recorta nuestra imagen para que encajemos en el marco de sus afirmaciones falsas. "Ah, esto es lo mejor que seré", podría decir alguien. "Supongo que no estoy hecho para hacer grandes cosas. Siempre me quedaré corto. Solo estoy tratando de salir adelante". Eso es hablar como el diablo, no como habla Dios.

¡Hermano, hermana, tú y yo nacimos en palacio! "Ustedes son dioses". ¡Nuestro Padre es el Rey! Somos miembros, con pleno derecho, de la familia real; una nueva raza de gobernantes sobre la tierra. Somos parte de una nueva dinastía real aquí para exponer una novedosa dimensión al mundo, puesto que una vez que la vean, querrán ser parte de ella. Dios da solo como dan los reyes, lo más grande y lo mejor, por lo que nos enseña a dar de la misma forma.

No podemos someternos a ningún pensamiento inferior a nuestra condición real. Esas ideas no merecen nuestra atención. Al contrario, debemos escuchar a nuestro

Mentor y Maestro —el Espíritu Santo— que nos ayuda a alcanzar nuestro destino. Cuando le damos terreno al enemigo, al negar nuestra verdadera imagen, el Espíritu Santo rápidamente dice: "No, no hables así. Esa no es la forma en que un rey debe hablar". Entonces nos indica cientos de lugares en la Biblia que revelan y celebran nuestra herencia dinástica. "Tú eres la justicia de Dios, la simiente de Abraham, no eres inferior a nadie", nos dice.

Él trabaja constantemente para que vivamos mejor que nadie.

VIVE PENSANDO EN LA ETERNIDAD

El enemigo intenta llevar nuestra imagen a un nivel inferior al que verdaderamente le corresponde, para que vivamos en lo terrenal. ¿Qué quiero decir? Un predicador amigo se refiere a lo que él llama el "nivel de naufragio". Todo lo que está debajo de ese nivel es temporal. Eso se basa tanto en la lógica y la razón humana como en una imagen terrena fundamentada en el ámbito natural. Sin embargo, todo lo que está por encima del nivel de naufragio está en el majestuoso reino de Dios, uno que es de total provisión y empoderamiento. Por encima de ese nivel, tratas con la eternidad; debajo de ese nivel, estás bajo el control temporal del enemigo, atrapado en una imagen o complejo de inferioridad, confinado al reino sensorial. Debajo de ese nivel está todo el trabajo y la confusión, el sudor, el esfuerzo, la desesperanza y la fatiga. Es un lugar de conjeturas e incertidumbre, prueba y error, donde impera una actitud expectante en la que dices: "Espero que esto funcione". No hay nada de la realeza en eso.

Permíteme que te mencione el ejemplo de alguien que conocí y que vivía por debajo de ese nivel. Hace algún tiempo, otro de mis amigos predicadores me llamó por teléfono y me contó que un hombre escéptico —a su vez— lo llamó y le contó lo siguiente: "Algo me dijo que te diera mi casa y que tomara la tuya". Mi amigo ignoró al hombre porque pensó que le estaba jugando una broma.

Sin embargo, dos semanas más tarde, el hombre volvió a llamarlo, pero esta vez presa del pánico.

"Estoy aquí en Las Vegas", le informó el hombre emocionado por teléfono, "y algo me dijo: '¡Levántate y dale tu casa a ese hombre!'".

Así que mi amigo accedió a ir a ver la casa. Cuando se acercó al portón de acceso, pudo ver que las instalaciones eran enormes. El dueño lo estaba esperando en el porche a unos ciento cincuenta metros más allá del portón de entrada. Al llegar hasta él, observó el interior de la casa —que hacía de fondo detrás del hombre— y vio una cascada que fluía sobre piedras de ónix. El lugar era todo un espectáculo. Era un sitio magnífico.

El propietario llevó a mi amigo a recorrer la casa y concluyó diciendo: "Todo lo que tenemos que hacer es ir a la oficina de títulos. Tú me das tu casa y yo te doy esta. ¿Estas listo para hacer eso?".

Mi amigo me contó que hizo una pausa y le respondió: "No sé. ¿Cuánto es la factura del agua?".

¡Esa es una mentalidad de náufrago, por debajo del nivel de hundimiento! El dueño no salvo en realidad tuvo que presionar a mi amigo para que aceptara aquella hermosa casa. ¿Por qué? Porque mi amigo estaba acostumbrado a vivir en un nivel inferior. En su mente, su estatus era demasiado bajo, sus ingresos no eran suficientes para que todo funcionara. Más que eso, simplemente no se veía a sí mismo como el tipo de persona que sería dueño de una casa tan maravillosa.

No se dio cuenta de que, como creyentes, no nacimos aquí, sino que nacimos de lo alto (Juan 3:3). Nacimos para hacer cosas sobrenaturales como crear, poseer y gobernar.

EN UN BARCO A PUNTO DE NAUFRAGAR

Cuando las personas actúan a un nivel terrenal, solo pueden tratar con lo que ven, es decir, con lo que tienen ante sus ojos. Pero se necesita visión espiritual para hacer un cambio real en este mundo. El reino espiritual está destinado a controlar al reino natural, no lo contrario. Lo natural no puede modificar ni alterar lo que es natural. Solo puede arreglarlo.

Cierta noche los discípulos de Jesús estaban en una barca con él cuando se desató una tormenta. Su mentalidad terrenal solo captó el acontecimiento natural. Como pescadores experimentados, sabían —por naturaleza— que aquella era una de esas tormentas que hacían naufragar barcos. Así que entraron en pánico e intentaron hacer todo lo que era natural, en esa situación, para deshacerse del agua que estaba inundando la embarcación. Sin embargo, esa tormenta era, en realidad, espiritual: Satanás había lanzado un ataque con el que los esfuerzos humanos no podían competir. Nunca podrían vencerlo con sus esfuerzos naturales. Por dicha, tenían a alguien en el bote que vivía pensando en lo eterno.

Jesús estaba dormido en la popa cuando los discípulos lo despertaron, ¡e incluso lo acusaron de desinterés, basados en su pensamiento natural! "¿No te importa que nos ahoguemos?" (Marcos 4:38 NTV), le dijeron. Sin embargo, él no permitió que las imprudentes e infundadas acusaciones de ellos lo distrajeran. Él pudo haber discutido con ellos y recordarles los asombrosos milagros que acababa de realizar. Pero Jesús pasó por alto su insulto porque discutir, quejarse y contender son cosas que están a un nivel inferior. De modo que la reacción natural de ellos no iba a perturbar su serenidad.

Por eso, lo que hizo fue que les habló al viento y al mar e instantáneamente se produjo una gran calma. Recuerda, lo único que puede controlar lo natural es lo espiritual. Fíjate bien. Aquí tenemos una línea, por encima de ella está la autoridad real; pero debajo de ella están los problemas y la impotencia. Entonces Jesús miró a sus seguidores que pensaban de manera natural y les dijo: "¿Dónde está la fe de ustedes?" (ver Marcos 4:40, parafraseado). Lo que él quiso decir fue que ellos podrían haber vivido pensando en lo eterno y haber hecho exactamente lo mismo que él. Los discípulos eran de la familia real —de la realeza— como tú y como yo. Tenían la capacidad que Dios les dio para asumir la autoridad en cuanto a la tormenta —por fe— y esperar los mismos resultados que obtuvo el Maestro.

Jesús dijo: "Ciertamente les aseguro que el que cree en mí las obras que yo hago también él las hará, y aun las hará mayores, porque yo vuelvo al Padre" (Juan 14:12). Como ves, no hay improbabilidades ni imposibilidades cuando vives con lo eterno en mente. Con Dios todo es posible.

UN LUGAR LIBRE DE TEMORES

El miedo no puede prevalecer sobre ti cuando estás pensando en lo eterno. Una vez que la persona se percata de que Dios no puede mentir (Tito 1:2) ni fallar, puede estar segura de que él siempre cumple su Palabra.

El miedo suele iniciarse con un pensamiento natural disfrazado de hecho concreto. Es cuando una idea inferior o mediocre se cuela por encima de lo usual y trata de atraparte. Eso es lo que pasó con los discípulos en medio de la tormenta. Sabían por sus experiencias naturales que aquellas tormentas eran mortales. Por eso, simplemente, no consideraron que ahora estaban viviendo por encima de la mediocridad y no a un nivel inferior. La realidad, para ellos, ahora era muy diferente.

Cuando el miedo entra como un pensamiento, rápidamente se convierte en una forma de pensar. Luego construye andamios y cimientos para sostenerse con el fin de justificar su existencia. Nuestras mentes están conectadas para avanzar en la dirección de nuestros pensamientos más dominantes. Con el paso del tiempo cualquier cosa en la que meditemos crece y se vuelve más convincente para nosotros. De modo que los pensamientos naturales basados en el miedo, la duda y la experiencia se convierten en fortalezas mentales.

Compara eso con el ataque de una serpiente. Estas usan dos estrategias para someter a sus presas. Hay cierto tipo de serpientes que atacan con un mordisco venenoso que paraliza a la víctima con la ponzoña. Una vez hecho eso, la serpiente puede comérsela. Una serpiente no venenosa como una boa constrictor, la más grande del mundo, comprime el cuerpo de su presa. Con eso aprieta estratégicamente cada vez que su presa exhala. En ambos casos, la víctima queda paralizada y consumida.

Eso es lo que el diablo usa para paralizar y sofocar: "veneno" y "constricción". El miedo es como un veneno y un sujetador. Su efecto mortal propaga pensamientos y emociones tóxicas a través de nuestro sistema y nos hace sentir que nos estamos asfixiando, disminuyendo la velocidad y cediendo. Algunas personas sienten eso cuando suben a un avión, se paran frente a una audiencia para hablar, se encuentran con ciertos individuos o reciben algún tipo de llamada telefónica o correo electrónico. El miedo intenta usar medios naturales a nivel terrenal para hacer que las personas reflexionen en amenazas que, en realidad, no existen. Alguien puede creer algo como lo que sigue: "Voy a morir de lo mismo que mi madre". El enemigo usa ese pensamiento como una incursión para trabajar en la persona y arrastrarla a lo más abajo del nivel terrenal. Eso dio resultados, incluso, en el primer ser humano: Adán. Cuando Dios lo llamó, Adán respondió: "Tuve miedo" (Génesis 3:10). El miedo fue parte de la caída de la humanidad.

El miedo no solo afecta a los individuos sino que también tiene el poder de paralizar a toda una nación. Un espíritu de temor hizo que los hijos de Israel cuestionaran el informe de Josué y Caleb acerca de la tierra prometida; el cual era positivo. Sin embargo, creyeron al reporte repleto de miedo que entregaron los otros diez espías, lo cual distorsionó sus consideraciones. Es más, llegaron a la conclusión de que Moisés, Josué y Caleb eran sus enemigos. De forma que conspiraron entre ellos y dijeron: "Nombremos un nuevo líder porque el que tenemos nos lleva a ser masacrados por los gigantes en la tierra de Canaán" (ver Números 14:3-4). El miedo hace que juzgues mal todo: una situación, una circunstancia, a una persona y hasta a Dios. Cuando el miedo te embarga, ves al amigo que te está ayudando como alguien que intenta hacerte daño.

Ese es el efecto cegador del miedo. Es por eso que cuando el ejército sirio rodeó la ciudad, el profeta Eliseo oró por su siervo Guiezi y le rogó: "Señor, ábrele a Guiezi los ojos para que vea" (2 Reyes 6:17). Cuando los ojos de Guiezi se abrieron para ver los carros de fuego (y a los ángeles), el terror desapareció al instante.

Cuando vivimos a merced de lo terrenal, perdemos la visión de la realidad. Las personas que no pueden ver se mueven lentamente y a tientas en entornos desconocidos. No pueden hacer movimientos audaces basados en lo que ven. El miedo bloquea tu visión, detiene tu progreso y te mantiene viviendo muy por debajo de los privilegios reales que posees.

FALTA DE CONOCIMIENTO

Algunas personas no tienen miedo, lo que tienen —simplemente— es ignorancia. Esto no es menosprecio. Ser ignorante es carecer de conocimiento acerca de algo.

Ser verdaderamente ignorante es ni siquiera darse cuenta de que lo eres. Muchas personas creen que saben todo lo que necesitan saber, pero sus vidas no muestran los mejores resultados. Estoy aquí para decirte que si has estado en el camino hacia un destino determinado durante cuarenta años y aún no has llegado a ese punto, quizás —en realidad— ¡no sepas ni a dónde vas! Tal vez tengas el mapa equivocado y estés en el camino errado. Es hora de detenerte y obtener algo de conocimiento, para que te liberes de la ignorancia.

El enemigo está conspirando constantemente para estremecerte y robarte el conocimiento de la revelación. Cada vez que esta llega, él está esperando —en las cercanías— para robártela. Jesús dijo en una parábola, en Marcos 4, que el enemigo viene de cinco maneras (vv. 15-19):

1. Aflicción
2. Persecución
3. Los afanes de este mundo
4. El engaño de las riquezas
5. La lujuria por las otras cosas

Cada vez que vas a la iglesia o a una reunión y recibes un buen mensaje, el diablo trata de venir y arrebatártelo al instante. Él usará a cualquiera y cualquier cosa para hacer eso: familia, amigos, compañeros de trabajo o hasta los medios de comunicación o de entretenimiento. Él sabe que cuando la Palabra de Dios echa raíces, cambia tu imagen interior; de manera que cuando esa imagen cambia, nada puede impedirte recibir de Dios.

Es por eso que Jesús nos dio una señal para determinar si somos ignorantes o no: La sabiduría. Por lo cual dijo: "La sabiduría es justificada [entiéndase manifestada] por sus hijos" (ver Mateo 11:19). Si el reino no se está manifestando en tu vida, tal vez sea —simplemente— porque no sabes lo suficiente o tienes una comprensión incorrecta de tu realeza. Si ese es el caso, entonces la Palabra de Dios se convierte en una teología pero no en una revelación que transforma vidas. Isaías 5:13 (RVR1960) declara: "Por tanto, mi pueblo fue llevado cautivo, porque no tuvo conocimiento". Oseas 4:6 (RVR1960) dice: "Mi pueblo fue destruido, porque le faltó conocimiento". Este conocimiento no es uno meramente intelectual, sino conocimiento de revelación; no teoría académica, sino iluminación celestial.

La Biblia dice que el conocimiento lo escucha fácilmente el hombre entendido (ver Proverbios 1:5). Esto se refiere a la vida perdurable. El lugar del entendimiento está en la esfera de lo eterno. Ser esa persona entendida quiere decir, simplemente, que te elevas al nivel de la revelación de tu realeza. Allí puedes ver y recibir testimonio de todo lo que necesitas saber.

LAS VACAS SAGRADAS

A veces el problema no es lo que nos falta, sino lo que hay dentro de nosotros (por ejemplo, los sistemas de creencias erróneos) cuando entramos en la casa de nuestro Padre.

Es sorprendente observar la forma en que los israelitas dejaron atrás a Egipto, pero lo llevaron en el interior de ellos. Cuando estaban acampados en el desierto, esperando que Moisés bajara del encuentro con Dios, convencieron a Aarón —el hermano de Moisés— para que les hiciera un becerro de oro. Esa fue la primera vaca sagrada —la original— y, por supuesto, no tenía nada de sacra. Ese fetiche "sagrado" (para ellos) era lo más impío que podías conseguir.

El ídolo estaba hecho de oro. ¿De dónde vino ese metal precioso? ¡De Egipto! Recuerda que los israelitas habían saqueado (despojado) Egipto cuando Dios hizo que el pueblo egipcio le diera sus ropas y sus joyas preciosas a la nación que partía. Luego, en ese escenario, el pueblo de Dios usó esas mismas bendiciones para crear una abominación.

Las vacas sagradas a menudo existen dentro de nosotros y nos acompañan dondequiera que vamos. La gente lleva esas vacas a sus matrimonios, a sus nuevos trabajos, a las iglesias y a muchos otros lugares. Esas vacas son ídolos que la gente adora y que son ajenos al plan de Dios. Esos ídolos se convierten en sistemas de creencias —baluartes, fortalezas— que las personas se resisten a abandonar.

En lo personal, traje una vaca tan sagrada a mi matrimonio que casi nos arruina.

Mi matrimonio

A unos seis meses después de casarme con mi amada Verónica, la fase de luna de miel se desvaneció y comencé a mirarla en una manera extraña. Empecé a volverme muy crítico y a cuestionarme si el Señor, en realidad, me había dicho que me casara con ella. El enemigo estaba afanado sembrando toda clase de pensamientos en mi mente, como por ejemplo: "Ella no cocina como decía que lo hacía. Pensaste que ella tenía esta cualidad y aquella virtud. Pero no tiene ninguna de esas cosas. Mira, te casaste con la mujer equivocada". Esos pensamientos llenaron mi mente a pesar de que mi esposa era y es una mujer maravillosa. Así que empecé a tratar de averiguar cómo iba a salir de ese matrimonio.

Como ves, algunas cosas que había presenciado entre mi madre y mi padre cuando era niño habían moldeado negativamente mi perspectiva del matrimonio. Mis padres finalmente se divorciaron y algunas de las cosas que dijeron influyeron en mi forma de pensar. Las palabras dejan imágenes dentro de nosotros que influyen tanto en la manera en que vemos como en el modo en que actuamos y reaccionamos en la vida. Imágenes como esas no desaparecen hasta que las reemplazamos con la verdad de Dios. Así que, en lo particular, estaba a punto de entender que tenía un problema y, precisamente, no era mi esposa.

En medio de esa crisis, una noche asistí a una reunión en la que un hombre estaba enseñando sobre la confesión y la forma en que los pensamientos impíos pueden fijar residencia en nuestras vidas, todo ello sumado a la posibilidad de que ni siquiera lo sepamos. Esas ideas, en realidad, pueden controlarnos la mente cuando vivimos basados en una imagen incorrecta. El ministro dijo: "Empieza a confesar la Palabra de Dios sobre tu cónyuge". Esa declaración me impactó.

Así que le creí al predicador, llegué a casa y comencé a leer su libro *Orando la Palabra de Dios*. Comencé a confesar la Palabra de Dios sobre mi esposa, basándome en Proverbios 31 y dije: "Mi esposa es una mujer virtuosa. Siempre ha de hacerme el bien mientras haya vida dentro de ella. Ella no come el pan de la ociosidad, el descontento y la autocompasión. Se levanta temprano y consigue alimento espiritual para la casa. Asigna a sus sirvientas a sus tareas. No descuida sus deberes presentes asumiendo otros. Te agradezco que ella me ame. Ella me admira sobremanera y la Palabra está obrando poderosamente en nuestro matrimonio. Hemos sido transformados a la imagen de Jesús por la renovación de nuestras mentes. Te agradezco porque mi esposa es una señora de la Palabra. Es una mujer de la Palabra y de sus labios brota sabiduría".

Todos los días confesaba eso. Cuando empecé, pensé que lo decía por mi esposa. Al fin me di cuenta de que lo estaba diciendo ¡por mí! Yo era el que necesitaba cambiar. La confesión cambió mi imagen y comencé a actuar de manera diferente. Descubrí que no puedes moverte más allá de tu imagen. Si tu imagen es la de un mal matrimonio, esa es la dirección en la que te moverás. Una vez que arreglé mi imagen, comencé a ver y a actuar de modo diferente. Había juzgado mi situación en ese tiempo basado en mi experiencia pasada, pero tenía un mal juicio arraigado en el miedo. Todo eso comenzó a cambiar cuando confesé la verdad sobre mi esposa. La imagen de mi matrimonio empezó a cambiar.

Debido a mi confesión, hoy mi matrimonio se mueve en el cielo. Incluso me siento en la noche y medito en cómo puedo bendecir a mi esposa cada vez más. ¡Es el mismo matrimonio que el diablo me dijo que debía deshacer! Si hubiera cambiado de esposa antes que modificar esa imagen distorsionada, Satanás me habría vencido con el mismo truco una y otra vez. Mi confesión negativa era una vaca sagrada que estaba dentro de mí, algo que ni siquiera pensé hasta que el mensaje de aquel hombre me desafió a considerarlo de otra manera. Esa es la razón por la cual la meditación bíblica es tan importante para transformar la mentalidad y las imágenes impías. Yo lo llamo el *eslabón perdido de la meditación* en el cuerpo de Cristo.

De la misma manera, Aarón y los israelitas hicieron una vaca "sagrada" y comenzaron a bailar lascivamente alrededor de ella. Eso enojó mucho a Dios, que hizo que Moisés triturara aquella efigie, la mezclara con agua e hiciera que la gente bebiera esa poción. Es muy probable que aquello supiera terriblemente amargo, o tal vez era un laxante, ¡no lo sé! Pero el resultado debe haber sido tremendo si el propósito era destruir ese ídolo de una vez por todas y cambiar la forma de pensar del pueblo de Dios.

COMPROMISOS Y CONVENIOS

Otro error que cometen los hijos de Dios es comprometerse o ponerse de acuerdo con el enemigo. Cuando Moisés le dijo a Faraón que dejara ir al pueblo de Dios, el monarca trató de negociar los términos y las condiciones. "Entonces el faraón mandó llamar a Moisés y le dijo: Vayan y rindan culto al Señor. Llévense también a sus hijos, pero dejen atrás sus rebaños y sus ganados" (Éxodo 10:24). A lo que Moisés respondió: "¡No! No voy a hacer eso".

Dios no nos da permiso para comprometer la revelación de nuestra realeza. No puedes cambiarla ni hacerla desaparecer. Eso depende de ti, toda la vida. Si te beneficias o no con ello, depende del conocimiento que tengas y cómo decidas actuar. Pero el enemigo no puede cambiar tu identidad. Tú tampoco puedes.

Este es el único trato que puedes hacer con el diablo: él tiene que devolverte siete veces todo lo que te robó cuando vivías en la mediocridad terrenal. Cuando el Señor te salvó, todo lo que te pertenece por derecho —según la Palabra de Dios— vino con la salvación, por lo que cualquier cosa que Satanás haya hecho contra ti debe pagarlo siete veces más. La Biblia llama a esto recompensa. Jesús pagó por ello a través de su obra redentora en la cruz. Eso significa que aun cuando falles o cometas errores ya eso está perdonado. Por otra parte, el diablo todavía tiene que pagarte abundantemente. Nuestro Padre el Rey defiende muy bien a sus hijos.

UN PUEBLO QUE VIVE PENSANDO EN LO ETERNO

En el dominio de lo eterno hay un lugar sin compromiso ni limitación. Jesús dijo que las cosas que él hizo, nosotros también las haremos. ¿Fue Jesús un hombre que cambió al mundo? ¡Sí y tú también! Somos hechos a su imagen. Podemos usar nuestra fe para proclamar la sabiduría y la voluntad de Dios a una comunidad y transformarla para la gloria del reino. La iglesia debe estar al frente de cada generación. Dios ha establecido un sistema sobrenatural diseñado para superar cualquier resultado que pueda lograrse al operar en el sistema del mundo. La revelación de la realeza y el andar por fe son la línea divisoria entre lo posible y lo imposible.

Permíteme que te pregunte: ¿Estás viviendo la eternidad?

En la esfera de lo eterno no hay imposibilidades financieras. Tienes fondos para solucionar cualquier problema. ¿Por qué? Porque en Dios la respuesta siempre está ahí, antes de que se manifieste el problema. El diablo causó el problema, pero Dios estaba allí antes que el diablo. Actuar pensando en la eternidad es un reino completamente diferente, donde fluyes de manera distinta a como lo haces en el plano natural.

Mediante la sabiduría divina y el discernimiento espiritual, comenzarás a reconocer todo lo que te rodea como una oportunidad de restauración y mejora, logro que alcanzas a través del ejercicio que ejerzas con la sabiduría y la autoridad reales. No tendrás que luchar para creer que eres el hijo justo de un Dios que hace milagros. Fuiste hecho señal y presagio (ver Isaías 8:18) en Dios. Cuando te despiertas por la mañana, dices: "Soy bendecido todo el día de hoy. Tengo la bendición de ir a trabajar esta mañana y de volver a casa. Soy bendito cuando me levanto y cuando me acuesto. Bendito soy en la ciudad y en el campo, dondequiera que voy y en todo lo que hago".

Recuerda, tú y yo estamos en la clase de Dios. Somos la justicia de Dios. Se nos han dado los mismos atributos que nuestro Padre. Cuando vives en lo eterno, no puedes evitar crecer en unción, autoridad, posición y poder. No puedes evitar que las innovaciones y las mejoras fluyan a través de ti. Incluso verás qué fácil es tomar una ciudad para Dios. Así como lo hizo la iglesia primitiva en Hechos 17:6, tú y yo pondremos este mundo patas arriba.

Hermano o hermana, aférrate a la confesión de tu identidad y tu imagen. Mantente viviendo en la eternidad. No dejes que el diablo te convenza para que te comprometas, no te abrumes con miedo ni te arrastres por la inferioridad del reino natural. Hemos sido ordenados, como lo fue Ester, para un tiempo como este. Dios está listo para llevarnos más lejos de lo que cualquiera de nosotros jamás haya ido. A él le encanta vernos ejercer el señorío que nos delegó por toda la tierra.

Así que empieza a actuar como si eres el jefe, ya que como reyes y reinas que somos en el gobierno de Dios, ¡gobernamos!

CAPÍTULO 4

DECLARA TU REALEZA
EN VOZ ALTA

⸙————————⸙

COMO REYES Y reinas, nos comportamos de manera diferente. Actuamos de acuerdo a los protocolos reales que realzan y magnifican la gloria de nuestra posición y autoridad. Hay algunas cosas que están por debajo de nosotros como realeza, por lo que debemos aprender cuáles son. A medida que el Espíritu Santo hace su trabajo de hacer que aflore el rey o la reina en nosotros, nos enseña una forma monárquica de caminar, hablar, creer, pensar y comportarnos que es completamente apropiada para los hijos del Rey en la tierra.

Quizás el aspecto más importante de eso sean nuestras palabras.

LO MÁS PODEROSO EN LA TIERRA

Una de las primeras habilidades que nos enseña el Espíritu Santo es cómo hablar. Así como un niño a su tierna edad aprende a formar vocablos y oraciones que lo ayudan a andar por la vida y a ejercer autoridad en formas pequeñas y luego más grandes, los hijos que pertenecemos a la realeza divina estamos en una travesía para aprender a hablar con las palabras del reino. En el ámbito natural, hablar distingue a los humanos de todas las demás criaturas. Las expresiones verbales y la comunicación compleja son una parte importante de lo que nos hace más poderosos que otros seres terrenales. En el ámbito del reino de Dios, también, las palabras tienen más poder que cualquier otra cosa. Construyen y destruyen, establecen metas y las alcanzan, sanan, matan y resucitan de la muerte. Dios comprobó eso al hablarle —literalmente— al universo para que existiera. Jesús mismo es llamado "el Verbo... hecho carne" (Juan 1:14). ¡Dios ha exaltado su nombre y su Palabra sobre todas las cosas! No hay nada más alto ni más sublime.

Como hijos de Dios, tú y yo tenemos el poder de pronunciar palabras que impacten todo en la tierra. Tus palabras marcan el rumbo de tu vida, tu negocio, tus relaciones y tu destino. Incluso el sistema mundial corrupto tiene protocolos discursivos. A medida que las personas ascienden en la escala empresarial, sus vocablos, sus expresiones verbales y sus conversaciones cambian porque tienen un mayor impacto. Si dicen algo incorrecto, eso podría causar problemas para toda la empresa y también a muchas vidas. Es por eso que los hijos reales de Dios deben aprender a hablar palabras majestuosas.

La Biblia nos da muchas promesas con el fin de animarnos a crecer en este aspecto. El patriarca Job (22:28 RVR1960) afirma: "Determinarás asimismo una cosa, y te será firme". El Señor, a través del profeta Isaías, dijo lo que sigue: "Así será mi palabra que sale de mi boca; no volverá a mí vacía, sino que hará lo que yo quiero" (Isaías 55:11 RVR1960). Por otra parte, Números 23:19 declara:

"¿Acaso no cumple [Dios] lo que promete ni lleva a cabo lo que dice?".

Incluso la salvación viene a través de las palabras: "Si confiesas con tu boca que Jesús es el Señor y crees en tu corazón que Dios lo levantó de entre los muertos, serás salvo" (Romanos 10:9).

María, la madre de Jesús, no recibió más que una palabra de Dios, la cual creyó y se cumplió (Lucas 1:26-38). El propio Jesús dijo: "Les aseguro que todo lo que ustedes aten en la tierra quedará atado en el cielo, y todo lo que desaten en la tierra quedará desatado en el cielo" (Mateo 18:18). El noventa y nueve por ciento de lo que el Señor Jesús logró en su ministerio de tres años en la tierra, lo hizo con el verbo. Él demostró que los reyes y las reinas hacen las cosas a través de las palabras que pronuncian. Estas mismas constituyen la manera en que alcanzarás tu máximo potencial y cumplirás con las asignaciones que Dios te haya encomendado. El nuestro es un planeta gobernado por palabras. Fue creado con ellas y se mantiene con ellas. Esa es nuestra tarea.

Por supuesto, sabemos que Adán cayó y sus palabras cambiaron. En vez de dar nombre a los animales y proclamar poderosamente las manifestaciones de la creatividad del reino, su boca se llenó de un terror y una culpa profanos. Sus palabras comenzaron a ir en reversa, dañando la tierra y destruyendo su destino. Aunque siguieron siendo poderosas, ahora eran más destructivas que constructivas. Tus palabras y las mías son de la misma manera: excepcionalmente poderosas para cualquier propósito que las usemos.

Debido a que la asignación real de la humanidad nunca ha cambiado, el Espíritu Santo y los ángeles todavía están esperando para actuar en base a palabras que estén de acuerdo con lo que Dios ya ha dicho sobre nuestras situaciones y circunstancias. Cuando nuestras expresiones verbales concuerdan con las de él, fluye el poder transformador. Este es el ejercicio principal de nuestra realeza.

HABLEMOS POR FE

Las palabras por sí mismas no tienen poder. Jesús dijo que algunas personas injustas creen que son escuchadas "por su palabrería" (Mateo 6:7 RVR1960). Pero esas son palabras sin fe, sin poder. Para que tengan poder, las palabras deben hablarse con fe de acuerdo a la voluntad de Dios.

La fe es la divisa del reino, por lo que todo lo que se nos dé lo recibiremos por fe. Se requiere fe para ser salvo, fe para ser sanado y fe para acceder a cualquier otra cosa que necesitemos o deseemos de Dios. En Hechos 3:12 y 16, Pedro les dijo a las personas que habían presenciado la curación del cojo: "Pueblo de Israel, ¿por qué les sorprende lo que ha pasado? ¿Por qué nos miran como si, por nuestro propio poder o virtud, hubiéramos hecho caminar a este hombre? ... Por la fe en el nombre de Jesús, él ha restablecido a este hombre". Las palabras dichas con fe en el nombre de Jesús dan resultados. La fe sola no funciona y las palabras solas tampoco. Pero las dos juntas constituyen la combinación más poderosa en el orden creado.

Dios nos da una palabra para cualquier cosa que necesitemos o deseemos en la vida. Así como él llama a la existencia a las cosas invisibles, nosotros también podemos llamarlas. Estamos hechos para caminar como Dios y hablar como él, "que llama las cosas que no son como si ya existieran" (Romanos 4:17). Estamos hechos para ver como Dios, no mirando las cosas que se ven, sino las que no se ven. Si decimos y hacemos lo que Dios nos dice que digamos y hagamos, entonces cumplirá lo que ha prometido. La Palabra de Dios nunca vuelve a él vacía, y él no es un hombre que debería (o podría) mentir. Sus Escrituras nos aseguran lo siguiente: "Así que la fe viene como resultado de oír el mensaje, y el mensaje que se oye es la palabra de Cristo" (Romanos 10:17).

Hablar palabras llenas de fe anula la maldición de la enfermedad, la pobreza, la opresión, las relaciones rotas y los sistemas gubernamentales fallidos. Ese verbo lleno de fe sana comunidades heridas, restaura corazones rotos, repara relaciones y establece prosperidad a nivel nacional. Las palabras llenas de fe alimentan a las familias, inspiran a las personas y catapultan a las iglesias a nuevas esferas ministeriales eficaces. El verbo lleno de fe puede anular y vencer cualquier cosa en tu vida y abrir canales para que el favor divino fluya a través de ti, produciendo prosperidad en todas las áreas. Cualesquiera que sean los problemas que puedas tener en tu familia, negocio, iglesia o comunidad, las palabras dichas con fe están diseñadas para mejorar todo ello.

DECRETA TU ÉXITO

Las palabras son los medios por los cuales decretamos las realidades majestuosas para que existan en los reinos terrenales. La realeza decreta, literalmente, el reino de Dios en la tierra a través de las palabras que Dios nos da para que las digamos con fe. Nosotros "decretamos una cosa" por fe y sucede (ver Job 22:28). Un decreto es "una orden que, por lo general, tiene fuerza de ley".[1] Por lo tanto, se usa para decretar. Las palabras no solo expresan opiniones; establecen realidades, cambian destinos y provocan

invisibilidades. Además, permiten que el poder de Dios fluya a través de nosotros en proporción a la imagen de ese
mismo Dios en nosotros. Al igual que Dios, decretamos
palabras de vida en medio de situaciones aparentemente
imposibles y catastróficas, transformando las mismas por
el poder de su Palabra.

Cuando dejé mi muy bien remunerado trabajo en IBM,
para asistir a un seminario en la Universidad Oral Roberts
(hablaré más sobre esa travesía más adelante), Verónica y
yo nos encontramos en una posición económica más baja
por un tiempo. No estábamos disfrutando de las cosas
buenas de la vida, a menos que consideres que los sándwiches de mortadela son de alta cocina.

Un día, al inicio del año escolar, el grupo de nuestra clase se reunió en la capilla para orar. No sabía por qué estábamos allí, pero comenzamos a orar en el Espíritu cuando
—de repente— todo quedó en silencio. Me di cuenta de
que un estudiante, en particular, tenía una unción proféti-
ca; se me acercó y me dijo: "No sé quién eres, pero eres el
comienzo de un nuevo linaje de riqueza".

Eso fue muy alentador para Verónica y para mí, por lo
que los dos nos sentimos impulsados a caminar en obediencia a esa palabra. Al igual que yo, Verónica había trabajado en IBM antes de que nos mudáramos y deseaba
volver a trabajar, por lo que comenzó a buscar un trabajo del área de informática en la localidad. Los resultados
iniciales parecían desalentadores. Visitó las agencias de
empleo cercanas y, en todas, le dijeron que no había ninguna empresa que estuviera contratando personal. Es más,
dijeron, las empresas estaban despidiendo a cientos de
personas. Por parte de nosotros, sabíamos que ese era un
informe maligno, una palabra sin fe, que debía ser supe-
rada; por lo que decidimos no dejar que las circunstancias

nos gobernaran. Así que hicimos lo contrario, decidimos decretar nuestras circunstancias con palabras. Verónica sacó un juego de fichas con el que diseñamos, juntos, el trabajo ideal que iba a ejecutar. Anotamos cada aspecto del mismo:

- Quería trabajar en el área de las computadoras.
- Deseaba que su trabajo estuviera a no más de diez minutos de nuestra casa.
- Anhelaba trabajar en una oficina muy linda.
- Ansiaba un salario determinado.
- Quería un automóvil de la empresa.

Acto seguido, Verónica se dirigió a la Biblia y encontró algunas escrituras que concordaban con lo que ella deseaba. Las anotó y las puso por toda la casa. Miraba una ventana y veía una tarjeta que decía: "Mi Dios, pues, suplirá todo lo que os falta conforme a sus riquezas en gloria en Cristo Jesús" (Filipenses 4:13 RVR1960). Abría el refrigerador y veía una tarjeta que decía: "Soy redimida de la maldición" (Gálatas 3:13). Dirigía su mirada hacia un rincón de la casa y veía otra ficha que decía: "Nuestro Dios volvió la maldición en bendición" (Nehemías 13:2). Dondequiera que yo iba, en el interior de la casa, esas palabras de fe se me presentaban; por lo que Verónica y yo nos pusimos de acuerdo para que ese trabajo se materializara. Ya no nos enfocábamos en el problema o en el informe negativo. Nos habíamos centrado en la respuesta porque estábamos seguros de que la Palabra de Dios hablada con fe nos libraría del inconveniente.

Cuando enfoques tus palabras llenas de fe en los problemas, el enemigo tratará de ponerte a prueba. Un día, un señor que conocíamos pasó por la casa a verme. Verónica estaba en el jardín cuando él llegó y, al entrar, preguntó: "Así que, ¿ya tienes tu trabajo?".

Ella le respondió: "Claro que sí". Aunque todavía no tenía el empleo, para nosotros la transacción se había realizado en el Espíritu. Ella estaba siguiendo las instrucciones bíblicas de "mantener firme la profesión de nuestra fe sin vacilar, porque fiel es el que prometió" (ver Hebreos 10:23). Sabíamos con seguridad que "la fe es la garantía de lo que se espera, la certeza de lo que no se ve" (Hebreos 11:1).

El hombre le preguntó: "¿Y en qué estás trabajando?".

A lo que Verónica le respondió: "Aún no lo sé, pero lo tengo".

Fue algo que hizo de una manera audaz ante el escepticismo y el enfoque de aquel hombre que exigía "pruebas". Sin embargo, ella constató —por sí misma— el modo en que la preparó —para momentos como ese— el hecho de meditar en la Palabra de Dios. Se necesita valor y convicción para hablar de la promesa de Dios a los incrédulos. Por desdicha, muchas personas —aun dentro de la misma iglesia— no están dispuestas a hacer eso. Están orientados a los sentidos más que a la fe. Es muy probable que digan amén y aleluya en la iglesia, pero cuando sienten la presión del afán cotidiano, a menudo declaran lo que dice el sistema mundial. Al igual que las personas mundanas, tienen que ver, tocar, oír y sentir lo que está pasando antes de creerlo. Un sutil recuerdo de un hombre conocido como Tomás el Dídimo.

Sin embargo, estoy aquí para decirte que la fe funciona aun cuando parezca que nada ocurre. A medida que continúas hablando y decretando tu futuro, las cosas comienzan a cambiar. Es posible que ni siquiera notes el movimiento al principio, pero pronto el impulso te llevará en la dirección que indican tus palabras. Eso se debe a que tenemos a

Jesús como nuestro Sumo Sacerdote en el cielo. Él escucha lo que le decimos y se asegura de que obtengamos lo que le hemos pedido al Padre y lo que hemos confesado con nuestra boca. Una vez que se pronuncian esas palabras llenas de fe, el Padre —al instante— asigna ángeles a tu caso, mientras que el Espíritu Santo se mueve a tu favor. Tu trabajo y el mío es resistir mientras que aparece la respuesta. Eso es exactamente lo que hizo mi maravillosa esposa.

Verónica podría haberse desanimado por la pregunta que le formuló aquel hombre que acudió a verme. Ella podría haberle respondido: "Bueno, todavía no tengo nada, y con la economía como está, el asunto no se ve muy bien". Aun cuando todo eso parecía cierto para la mente natural, somos diseñados para vivir a nivel de la eternidad, como corresponde a nuestra realeza.

Poco después de ese día, Verónica recibió una llamada de la agencia de empleo invitándola a considerar una entrevista para un trabajo que habían encontrado. Cuando llegó a casa, nos sentamos con nuestra ficha y repasamos la lista.

—¿Es este trabajo en el área de computación? —le dije.

—Sí —me respondió, así que tachamos ese punto de la lista.

—¿Y qué en cuanto a lo de los diez minutos de distancia de la casa?

—Sí, está a casi nueve minutos —me dijo, así que lo tachamos de la lista.

—¿Qué hay con el salario?

—Me están ofreciendo $5.000.00 más de lo que pusimos en la tarjeta —me respondió.

Marcamos esa solicitud como aprobada.

—¿Qué tal lo del automóvil?

—Me dijeron que eligiera un Buick nuevo —contestó emocionada.

¡Cada una de las cosas que pedimos fueron cumplidas! Creo que ese fue el día que dejamos de comer sándwiches de mortadela. Verónica empezó a trabajar en computadoras y a traer buen dinero a casa mientras yo asistía al seminario. Ella había hecho prosperar su camino siguiendo el modelo de Dios y decretando su propio éxito.

Amigo mío, nunca fuiste diseñado para vivir en un ambiente que no creaste. ¡Las palabras de fe son las herramientas que Dios nos da para diseñar nuestro futuro! Es la principal manera en que nosotros, como creyentes, hacemos las cosas en la tierra.

VER Y DECRETAR

Antes de decretar, primero debemos ver. No podemos decretar lo que no hemos observado dentro de nuestro espíritu, porque todo lo que se manifiesta externamente comienza como una realidad percibida en el interior. O como dijo un hombre de Dios, todo se crea dos veces: primero en el ámbito espiritual y luego en este mundo físico.

Considera la siguiente pregunta: ¿Dónde están las cosas que Dios llama a existir antes de que las exprese con palabras? La respuesta es: están en Dios. Cuando él las habla, es porque las manifiesta externamente. Nosotros operamos de la misma manera, no de afuera hacia adentro, sino de adentro hacia afuera. Por eso Jesús dijo: "Dense cuenta de que el reino de Dios está entre [dentro de] ustedes" (Lucas 17:21). Está dentro de nosotros, pero no está destinado a permanecer ahí, dentro de nosotros. Lo proclamamos, y el reino se manifiesta en la tierra. Permítame ilustrar eso con una breve historia.

Una tarde, al final del día, sentí un hambre tremenda. Así que me dirigí a la cocina, abrí el refrigerador y vi qué había en su interior para elaborar el menú de la cena. Aunque el refrigerador no estaba vacío, no vi nada como para preparar una comida. De modo que regresé a mi estudio para terminar de trabajar y, poco tiempo después, Verónica me llamó para ir a cenar. Llegué a la mesa y me sorprendió gratamente lo que vi: ¡una comida que parecía una cena de Acción de Gracias! Pero ¿de dónde había venido aquello?

Yo estaba consciente de que Verónica no había ido al supermercado y que nadie más había preparado la comida, así que le pregunté: "¿De dónde salió toda esta comida? Cuando revisé el refrigerador, no vi nada".

"Ah, ahí estaba todo", dijo. "Unos artículos estaban en el congelador y otros en los recipientes. Tenemos mucho para comer".

Lo que sucedió es que, simplemente, tuvimos una diferencia de perspectiva en lo que vimos. Verónica pudo ver lo que yo no vi y estaba consciente de que ahí había de todo para una cena maravillosa. Y así fue, ¡alabado sea Dios!

Espero que veas lo que quiero decir. La comida existía dentro de la nevera, dentro del congelador y dentro de los recipientes; solo era cuestión de prepararla y colocarla en la mesa como una comida suculenta. Pasó de un estado a otro, de lo interno a lo externo, pero siempre estuvo ahí. La Biblia dice: "Por la fe entendemos que el universo fue formado por la palabra de Dios, de modo que lo visible no provino de lo que se ve" (Hebreos 11:3). Este es el mismo principio. El mundo existía antes de que fuera visible, estaba precisamente dentro de Dios en ese momento. La versión bíblica *Dios Habla Hoy* lo dice de la siguiente manera: "Por fe sabemos que Dios formó los mundos mediante su palabra, de modo que lo que ahora vemos fue hecho de cosas que no podían verse".

Muchas personas piensan que Dios hizo el mundo de la nada, pero esa idea es incorrecta. Él hizo el mundo de lo que era invisible. Recuerdo una canción del género musical R&B, muy popular en los años setenta, que decía que si no tomas nada de la nada, te quedarás sin nada. El cantante estaba señalando que la persona siempre necesita tener algo. ¡Era una canción secular con una profunda verdad espiritual!

Dios creó el mundo a partir de una sustancia invisible llamada fe. Él lo vio en el reino eterno y lo expresó con palabras para que existiera: "Y dijo Dios: '¡Que exista la luz!'. Y la luz llegó a existir" (Génesis 1:3).

Vale la pena repetir eso: Dios habló lo que vio y, lo que vio, surgió [se materializó] por lo que dijo. Así también nosotros, como hijos de Dios, imitemos a nuestro Padre (ver Efesios 5:1). Producimos lo que vemos al hablar con fe.

PALABRAS QUE DESTRUYEN

El enemigo, por supuesto, trata de restringir o entorpecer ese ejercicio de poder. Su estrategia es controlar tu centro de poder. ¿Y cuál es ese centro de poder? Simplemente, tus palabras. Es más, él trata de cambiar tus palabras para que se conviertan en armas que esgrimas contra ti mismo. Eso es lo que muchos hacen. Demasiadas personas caen en esa trampa. Piensan que el diablo tiene el control, pero la Biblia dice que la muerte y la vida no están en el poder del diablo sino en el de la lengua. ¡Así que tenemos todo el poder!

La única posibilidad del enemigo es que logre persuadirte para que uses la poderosa arma que tienes contra ti mismo. El diablo vigila tu hablar y, una vez que digas palabras impías de muerte, desilusión o desánimo, le das permiso para que trate de hacerlas realidad. De esa manera, muchas personas decretan su propia destrucción. Envenenan su propio potencial. Proclaman fracaso en cuanto a su propio futuro.

Los diez espías israelitas incrédulos dieron un informe negativo tras explorar la tierra de Canaán y ver las mismas cosas que vieron los fieles Josué y Caleb. La gente no ve *con* los ojos, ve *a través* de los ojos. Lo que la persona tiene en el corazón le da forma a su visión del mundo. Esa realidad interna controla nuestra realidad externa. El informe negativo de los espías sin visión se manifestó y se convirtió en cuarenta años más en el desierto. Ellos lo decretaron y eso se concretó, se hizo realidad. Ejercieron el poder de la lengua para decir: "Hágase".

La fe es la única forma de evitar que el enemigo te detenga. Si estás tratando de transformar una vida, una empresa, una comunidad o una familia, el enemigo tratará de convertir tus palabras en decretos de muerte y no en decretos que den vida o vivifiquen desde una posición de autoridad real, monárquica.

En vez de decir: "No puedo pagar eso", di: "Con Dios, todo es posible".

En lugar de decir: "Estoy enfermo", di: "Por sus llagas estoy sano".

En vez de decir: "Estoy cansado", di: "El gozo del Señor es mi fortaleza".

En lugar de decir: "No sé cómo salir adelante", di: "Dios me enseña a prosperar".

En vez de decir: "Me siento solo", di: "Dios dijo que nunca me dejará ni me abandonará".

En lugar de decir: "Estoy atrapado en un momento terrible", di: "Muchas son las aflicciones del justo, pero Dios me librará de todas ellas".

Luego lee tu Biblia e interioriza esa Palabra dentro de tu persona. Las palabras atrapadas en una página nunca te van a ayudar. Al contrario, debes asirlas e interiorizarlas para que las expreses al hablar por fe, lo cual puedes hacer en cualquier momento y a lo largo del día. Todo el mundo sabe que cuando pones la Palabra de Dios dentro de ti, ella comienza a derramarse en respuesta a cada situación. Así como Verónica respondió al hombre que cuestionó su fe en cuanto a su trabajo, encontrarás tu respuesta brotando de la poderosa e invisible Palabra de Dios dentro de ti. Los ángeles acudirán a ti cuando te oigan pronunciar su Palabra, porque la Biblia dice que los ángeles escuchan y ejecutan la voz de su Palabra (ver Salmos 103:20). Tu propia boca es lo que da "voz" a su Palabra. Esta es una de las mayores realidades que existen.

Creo que así fue como Sadrac, Mesac y Abednego fueron liberados del horno de fuego, como se relata en Daniel 3. Enfrentados a una sentencia de muerte debido a que se negaron a adorar el ídolo de oro del rey, dijeron: "¡No hace falta que nos defendamos ante Su Majestad! Si se nos arroja al horno en llamas, el Dios al que servimos puede librarnos del horno y de las manos de Su Majestad" (vv. 16-17).

El rey se enfureció tanto que ordenó que se calentara el horno siete veces más y echó a los jóvenes dentro. Pero cuando volvió a ver el horno, dijo: "Allí en el fuego veo a cuatro hombres, sin ataduras y sin daño alguno, ¡y el cuarto tiene la apariencia de un dios!" (v. 25). Cuando el rey vio que "el fuego no tuvo poder para nada", dijo: "¡Alabado sea el Dios de estos jóvenes, que envió a su ángel y los salvó! Ellos confiaron en él y, desafiando la orden real, optaron por la muerte antes que honrar o adorar a otro dios que no fuera el suyo" (v. 28).

Lo que sucedió fue lo siguiente: Dios envió a su ángel y libró a los tres hombres fieles a causa de sus palabras. Los jóvenes decretaron una verdadera solución, por lo que dijeron: "El Dios al que servimos puede librarnos del horno y de las manos de Su Majestad"; acto seguido, Dios envió a su ángel para responder a esas palabras de fe. Aquellos jóvenes, literalmente, determinaron su resultado por las expresiones verbales que decidieron decir, cosa que tú también puedes hacer. Jesús dijo: "Las palabras que digas te absolverán o te condenarán" (Mateo 12:37 NTV).

La Palabra de Dios
es lo único que cuenta

Permíteme que enfatice una cosa: como gobernadores reales en la corte del Rey, nuestras palabras deben coincidir con las de él. Somos gobernantes bajo la autoridad del Rey de todos los reyes. Somos sus embajadores, enviados a la tierra para entregar sus palabras y declarar la existencia de sus realidades. En otras palabras, somos personas que siempre hablamos y actuamos bajo la autoridad de otro.

Los militares me enseñaron este principio fundamental acerca del liderazgo espiritual. Serví en la Fuerza Aérea de Estados Unidos durante varios años, pilotando aviones de combate en plena guerra. Puedo asegurarte que no volé en una sola misión a menos que recibiera órdenes del cuartel general o de mi comandante. No abordaba la aeronave para pasear. ¡Eso hubiera sido impensable! Mis decisiones sobre dónde ir y qué hacer no eran mías. Tenía que seguir lo que llamamos la "cadena de mando", y tenía autoridad mientras permaneciera bajo la autoridad superior. Si desobedecía o no seguía las órdenes de mi comandante, podía ser juzgado por un consejo de guerra y sentenciado a prisión o dado de baja de la Fuerza Aérea de manera deshonrosa. ¡Créeme, me mantuve bajo autoridad!

Durante el entrenamiento, antes de despegar en nuestros jets, teníamos que seguir una lista de verificación de vuelo que monitoreaba todo, incluida la presión barométrica, el peso del avión, la atracción gravitatoria, el empuje aplicado, etc. Si seguía la lista de verificación, tenía garantizado un despegue exitoso. Una vez en el aire, las cosas funcionaban de la misma manera. El controlador podría decir: "Bravo 66, gire a la derecha. Rumbo 360, mantener 3.000". En respuesta, uno repite lo que se le dijo. "Entendido. Bravo 66 girando a la derecha rumbo 360 manteniendo 3000". Si dices exactamente lo que dijo el controlador y haces lo que dijo que hicieras, todo está bien. Estás bajo la cadena de mando.

El reino de Dios funciona de la misma manera. Dios sabe cómo dirigirte. Todo lo que tienes que hacer es decir lo que él dice y seguir sus instrucciones. En el reino de Dios no hay opiniones. Las decisiones no están sujetas a votación. No podemos elegir los vocablos ni los resultados que queremos en función de nuestros caprichos y deseos. Más bien, nuestras palabras deben reflejar los deseos y propósitos establecidos por Dios. Me gusta decirlo de esta manera: Jesús no vino para hacernos sentir cómodos; vino a hacernos conformes. Él quiere conformarnos o moldearnos a su imagen (ver Romanos 8:29). De modo que tenemos autoridad porque somos personas bajo autoridad.

Recuerdo un momento en que mi padre me dio unas instrucciones muy claras y me negué a seguirlas. Aunque yo era pequeño, papá me mandó al peluquero para que me cortara el pelo. Papá me dijo que le dijera al barbero que me lo cortara todo, pero olvidé mencionarle eso. Así que al llegar a casa, mi padre me miró de soslayo y me preguntó: "¿Le dijiste que te lo cortara todo?". A lo que respondí: "No, no lo hice".

¿Adivina dónde terminé? De vuelta a la barbería. ¡Mi padre me hizo volver y decirle al peluquero que me cortara todo el cabello! No cumplí la palabra de mi padre. Tuve que hacer el proceso una vez más. ¡Tenía que apropiarme de las palabras de mi padre y hacerlas realidad por completo, dejando que sus deseos se manifestaran en mi cabeza! No puedes estar bajo autoridad a mitad de camino. Debéis seguir plenamente las palabras de tu Padre.

En última instancia, debemos ser dueños de nuestra fe y vivir de acuerdo a ella. Uno de los grandes pasajes de fe de la Biblia, Habacuc 2:4, nos dice: "El justo por su fe vivirá". No podemos vivir por la fe de otra persona; la fe debe brotar de nuestro interior. Este es un tema importante en el cuerpo de Cristo. Al ministrar en todo el mundo, me parece ver que hay mucha falta de fe. Algunas personas van a la iglesia porque un pariente asiste a esa congregación o por la buena música o la presentación emocionante que disfrutan. Pero, ¿y la fe? ¿No deberíamos ir a donde crezca nuestra fe?

Hermano, hermana, coheredero del Rey, decretemos nuestro éxito en base a la voluntad de Dios hablando palabras de fe de acuerdo con los propósitos de él. Solo entonces estaremos operando en el mayor poder del universo.

SEGUNDA PARTE

UNA REVELACIÓN REAL

— EN MI —

VIDA

CAPÍTULO 5

LA VISIÓN DE TUSKEGEE

◈————————————◈

DESPUÉS DE LA Palabra de Dios y de la obra del Espíritu Santo en mi vida, lo que más contribuyó a la revelación de mi realeza provino de la ciudad en la que crecí: Tuskegee, Alabama. Sin siquiera darme cuenta, me entrenaron en la realeza, me enseñaron a vivir a un nivel superior, me mostraron cómo manifestar las realidades internas y me hicieron sentir como un verdadero hijo de la realeza. Era un ambiente extraordinario en el que me desarrollé.

Tuskegee era único en los Estados Unidos en aquella época. Era un centro profesional afroamericano, que se destacaba por la innovación, la educación, la creatividad, la medicina y más. Mucha gente ha oído hablar de los Tuskegee Airmen, un grupo de pilotos afroamericanos que rompieron todo tipo de barreras raciales y profesionales a mediados del siglo veinte. Muchos también han escuchado el nombre de Booker T. Washington, que fue la figura histórica más relevante de la ciudad y, en verdad, el arquitecto de la visión monárquica de allí. Inició escuelas e industrias, pero lo que es más importante, estableció una mentalidad de éxito que elevó a todos los que vivían en esa comunidad. Como resultado, muchos otros y yo caminamos en una revelación de realeza que se manifestó como una realidad viva a nuestro alrededor.

UNA VIDA SIN LÍMITES

Al igual que el resto del sur en aquella época, Tuskegee estaba racialmente segregada, pero —a diferencia de cualquier otra ciudad que yo conociera— tanto las comunidades de color como las blancas, en Tuskegee, disfrutaban de altos niveles de excelencia en todas las áreas de la vida. Cada comunidad se mantenía aislada: teníamos nuestra propia mercería (sombrerera), centros comerciales, escuelas, etc., pero no había ningún sentimiento de inferioridad asociado a esa separación. Nadie en nuestra sección de la ciudad presionaba a nadie para que fuera como uno de los establecimientos blancos del centro, porque nuestra comunidad operaba a un nivel muy alto.

De modo que, aun cuando Tuskegee tenía una división racial, estaba casi libre de restricciones profesionales y académicas que reprimieran a los negros, como sucedía en muchas otras áreas de Estados Unidos. Blanco o negro, creciste en Tuskegee creyendo que —para ti— todo era posible. Incluso durante los turbulentos tiempos de los disturbios civiles en otras regiones del país, se realizaban muy pocas protestas en nuestra ciudad porque la comunidad negra sentía que no les faltaba nada. Aparte de no tener los mismos derechos de voto, los logros de los negros evitaron que nos sintiéramos privados en aspectos como el educativo y el económico. Vivíamos en lo que era básicamente una revelación de la realeza en toda la comunidad.

El quinto hospital más grande de la Administración de Veteranos estaba en la ciudad, en el que muchos de nuestros padres y madres trabajaban. Mi propio padre se convirtió en tecnólogo médico y hacía guardia en el hospital. Mi hermano y yo lo acompañamos muchas veces. Algunas de ellas, él me decía: "William, prepara una solución salina al dos por ciento". Le gustaba instruirnos en esas cosas y prepararnos para los entornos profesionales. Es por eso que más tarde me convertí en estudiante de medicina en la universidad: la medicina era lo que veía a mi alrededor. Mi madre era secretaria ejecutiva en el mismo hospital de veteranos. Mi hermano diseñó quirófanos para el hospital de veteranos. Mi papá también enseñó ciencias y biología en la universidad por un tiempo. Además, mi hermana fue a la escuela de informática y trabajó en IBM durante treinta años.

Nuestro pueblo estaba repleto de médicos, profesores y aviadores negros. Una vez que sufrí una apendicitis, me atendió un prominente médico negro a nivel nacional. Uno de los médicos locales nos dejó entrar al quirófano con él para observarlo reajustar un hueso. Los padres de mis amigos eran en su mayoría profesionales. Mi hermano iría después de la escuela para ser asesorado por el decano del departamento de arquitectura e ingeniería de la universidad local. Comenzó a hacer planos arquitectónicos cuando era estudiante de secundaria y luego obtuvo su maestría en esa área. Muchos hombres y mujeres negros de la ciudad empezaron sus propios negocios. Recuerdo a un hombre que inauguró la primera concesionaria de Cadillac propiedad de negros en la nación. Yo estaba convencido de que esa era una comunidad negra normal. Desde el punto de vista del cielo, creo que lo fue.

En mi niñez asistí a la Casa de Niños Chambliss, donde aprendí francés en tercer grado. Nuestros encuentros de natación se llevaban a cabo en la Universidad de Alabama, y los principales artistas musicales como James Brown se detenían en la ciudad para actuar. La futura superestrella Lionel Richie nació en el mismo lugar que yo, ¡y por un tiempo aspiró a ser de mi grupo musical! Casi todos mis compañeros de clase de la escuela primaria fueron a escuelas preparatorias en lugares como New Hampshire. Para nosotros, no había barreras para el logro. Nadie era "menos que". Otras partes del país luchaban por la integración, pero en Tuskegee teníamos todo lo que queríamos. No vimos limitaciones.

LA REVELACIÓN DE LA REALEZA DE BOOKER T. WASHINGTON

La grandeza de Tuskegee, en mi opinión, comenzó con Booker T. Washington, que en 1881 se convirtió en director de una nueva institución diseñada para ayudar a las personas anteriormente esclavizadas a recibir educación. Esa visión no había existido en Tuskegee antes de esa fecha. Pero eso estaba dentro del corazón de Washington, que —por fe— habló y lo manifestó en concreto. En verdad, eso fue una obra del reino y debe haberle sido dada por Dios. Después de recibir su educación universitaria en Hampton, Virginia, vino a Tuskegee para construir esa visión. En el momento de la muerte de Washington, en 1915, su escuela tenía cien edificios, mil quinientos estudiantes, doscientos profesores y maestros, y el apoyo financiero de personas de todo el país. Dirigió un renacimiento asombroso de la revelación de la realeza, si puedo llamarlo así.

Uno de los pilares de la cosmovisión de Washington era que la meta de Dios no es simplemente llevar a la gente al cielo sino establecer su reino en la tierra. En ese momento, los exesclavos y sus hijos tenían una mentalidad que se refleja en muchas canciones de esclavos: se trataba de cruzar el Jordán, dejar esta tierra e ir al cielo para escapar del sufrimiento. Washington, en cambio, creía que Dios quería que la comunidad negra, al igual que todas las otras comunidades, captaran una visión del cielo en cuanto a cómo debían ser las cosas aquí y ahora. Esa fue la base de la enseñanza de Booker T. Washington.

He estudiado extensamente la vida de Washington, por lo que admiro cómo se comportaba con la imagen y la personalidad de un rey. Cuando los reyes están presentes, los demás se elevan a mayores alturas. Los estudiantes de Washington naturalmente iniciaron proyectos y negocios que generaban dinero. Cultivaban algodón, verduras y madera para la venta. Les enseñó oficios como la construcción y otras habilidades con el fin de prepararlos para crear trabajo dondequiera que fueran después de graduarse. Aquellos a quienes enseñó y guio se convirtieron en personas productivas; algunos se hicieron millonarios. La visión de Washington incluso atrajo un programa experimental llamado Tuskegee Airmen en un momento en que la gente pensaba que los negros no podían servir como pilotos porque no tenían la inteligencia requerida. En otras palabras, su visión era cautivante; impartió fe a otros para que pudieran hacer cosas que antes creían imposibles.

Booker T. Washington fue un innovador por excelencia, que actuaba bajo la sabiduría de Dios. Proverbios 8 dice que con la sabiduría gobiernan los reyes (v. 15). Washington fue un ejemplo vivo de eso y su legado definió a la comunidad mucho después de su partida.

PIENSA EN GRANDE

Le doy el crédito a Washington por crear un lugar en el que yo podría ser un soñador. Gracias a él, estaba consciente de que pensar en grande era lo correcto. Cuando era niño, literalmente pensaba que era Superman. Si el superhéroe que veía en la televisión podía volar, por supuesto que yo también podría hacerlo. Así que un día me puse una sábana sobre los hombros y salté del garaje pensando que podría volar hasta la casa de mi amigo Wendell. Estaba muy convencido de que era invencible. No me lastimé demasiado, pero incluso mi fracaso en cuanto a volar ese día no afectó la creencia que yo sostenía de que era Superman.

En el fondo de mi corazón, en realidad, sentía que no era de Tuskegee. Me sentía diferente de mis hermanos, de mis hermanas y de todos los demás que conocía. Veía cosas más grandes. Pensaba que mis padres no eran mis verdaderos progenitores y, al igual que con Superman, pensaba que tal vez me tuvieron a través de algún medio sobrenatural. Cuando la gente me preguntaba de dónde era, nunca decía Tuskegee, porque era demasiado pequeño para mi mente. ¡Siempre decía que era de la ciudad de Nueva York! Pensaba como alguien de la realeza incluso a una edad temprana. Me veía entre los que pertenecían a la clase de Dios, digno de vivir en las ciudades más grandes e influyentes. Así es como piensa un rey: ¡anhela lo más grande y lo mejor!

CANTANDO Y DE GIRA MUSICAL

Más tarde, cuando estaba en la universidad, necesité ganar dinero para mantenerme, así que comencé un grupo de música itinerante. Ese no era un grupo ordinario. Teníamos saxofón, guitarra, batería, teclados, bajo y cantantes tanto masculinos como femeninos. Los muchachos vestían trajes de tres piezas a rayas y recorrimos la costa este, desde la ciudad de Nueva York hasta Florida. Queríamos demostrar que los estudiantes universitarios de una ciudad apartada de Alabama podían establecer el estándar de excelencia, y lo hicimos.

Alcanzamos la popularidad con rapidez y empezamos a abrir algunos de los mejores eventos de la época, con artistas cuyos discos aún se venden y cuyas canciones llegaron a la cima de las carteleras. Tocamos en algunos de los lugares más populares de ciudades como Nueva York y Atlanta. Nuestro guitarrista fue reclutado para participar con una de las estrellas más grandes de la música pop cuando su guitarrista se enfermó. Eso significaba que la talla de nuestro talento era lo suficientemente alta como para considerarnos para actuaciones de nivel superior.

Y sí, también canté y toqué el teclado además de liderar la banda en el aspecto comercial. Siempre sentí que no había nada que no pudiera hacer.

Nuestro grupo estuvo de gira durante un par de años antes de que cada uno de los integrantes tomáramos distintos rumbos en nuestras carreras. Fue una gran experiencia y típica de lo que pasaba en ese ambiente de Tuskegee. Nadie nos dijo que nos acostumbráramos a la mediocridad, por lo que llevamos la excelencia a todos los lugares a los que íbamos.

La visión para convertirme en piloto

Tuskegee también me dio la visión para volar más alto, literalmente.

Mi novia de tercer grado se llamaba Denise y su padre, Daniel "Chappie" James, era uno de los pilotos de combate más conocidos de Tuskegee Airmen. Tenía habilidades de vuelo superiores y se convirtió en el primer general afroamericano de cuatro estrellas en las Fuerzas Armadas de Estados Unidos. Cuando no estaba en el extranjero, a veces venía a nuestra escuela en uniforme para recoger a Denise. Yo veía ese uniforme y me decía: "Cuando sea grande voy a ser como él".

En efecto, cuando fui a la universidad, inicialmente pensé que iba a estudiar medicina, pero luego tuve un fuerte deseo de convertirme en piloto de combate. Aquella imagen que se plantó en mí como una semilla cuando era muy joven, comenzó a echar raíces. El padre de Denise nunca se sentó conmigo ni tampoco me dijo: "William, ¿te gustaría volar algún día?". No tuvo que decir nada; su influencia hizo todo el trabajo.

Lo que quiero decir es lo siguiente: la revelación de la realeza es contagiosa incluso a distancia. Nunca conocí a Booker T. Washington y, en verdad, ni siquiera hablé una vez con el padre de Denise, pero la revelación de excelencia y grandeza que ellos tuvieron se convirtieron en las mías. De la misma manera, tu revelación impregna el ambiente en el que estés y dondequiera que vayas. Esa es la manifestación de la visión interna en la atmósfera externa, lo cual es poderoso.

Cuando me inscribí en la Universidad de Tuskegee, me uní al Cuerpo de Entrenamiento de Oficiales de Reserva (ROTC, por sus siglas en inglés), una entidad oficial que te prepara para el servicio militar. Luego presenté una prueba para entrenamiento de pilotos, aprobé y fui a la Base de la Fuerza Aérea Randolph en San Antonio, Texas. Esa base era considerada el Cadillac de las bases militares porque albergaba las mejores instalaciones y la mayor cantidad de generales. Era un lugar de primera categoría y de excelente clase. Después de entrenar allí, volé aviones caza —F-4, más conocidos como Phantoms—, por seis años y fui líder de vuelo, hasta llegar a comandante de aeronave.

Recibí varias medallas aéreas y la Cruz de Vuelo Distinguido por mi servicio a nuestro país. Si hubiera crecido en otro lugar que no fuera Tuskegee, no estoy seguro de cómo sería mi vida hoy. Mi comunidad afirmó mi deseo de ser grande: llegar más alto y aprender a gobernar.

EL DESEO DE GOBERNAR

Mi padre le agarró el gusto a la realeza en la casa de un hombre rico con su tía, porque ella trabajaba ahí como empleada doméstica. La madre y el padre de papá fallecieron en Missouri cuando él era joven, por lo que su tía lo acogió y lo crió en Atlanta. Ella trabajaba como sirvienta para el dueño del periódico *Atlanta Constitution*, uno de los más importantes del sur en aquella época. Mientras ella se encargaba de la limpieza de la casa, a mi papá se le permitió sentarse con el hijo del hombre rico mientras recibía tutoría. En cierto modo, mi padre se crió a tiempo parcial en la casa de uno de los hombres más influyentes y ricos del Sur.

Esa visión dio forma a la manera en que mi padre criaría a sus hijos. Por eso le enseñó violín clásico a mi hermano y se encargó de que todos estudiáramos música. Aunque ingresó a la industria médica, ansiaba ser dueño de un hotel algún día. Todas sus actividades y actitudes alimentaron mi deseo innato de gobernar. Vi en él una sensación de grandeza.

Algunas personas no experimentan la realeza en su educación como me pasó a mí, pero incluso aquellos que han tenido esa experiencia deben desarrollar ese deseo. Cada uno de nosotros tiene la responsabilidad de desarrollar una mentalidad real. De hecho, cuando comenzamos a pensar como reyes y a ver a nivel de lo eterno, simplemente estamos actuando como lo que somos. Nuestros espíritus saltan dentro de nosotros y nuestros corazones se conectan con ello rápidamente. La realeza le da sentido a nuestras vidas. Decimos: "¡Ah! Por eso pienso de esta manera y actúo de este modo". Tu realeza interior quiere manifestarse en un mundo quebrantado para convertirlo en uno glorioso y completo.

Es por eso que debemos conectarnos constantemente con nuestro deseo de gobernar.

EL PRÍNCIPE SAUDÍ

No hace mucho estaba viajando a Los Ángeles para dictar una charla cuando la torre de control de tráfico aéreo le dijo a nuestro vuelo que redujera la velocidad y diera algunas vueltas porque el príncipe saudita estaba de paso. El príncipe estaba allí para un tratamiento médico menor. Sentí curiosidad por ese hombre; de manera que, cuando aterrizamos, me di cuenta de que muchas limusinas estaban alejándose del aeropuerto.

—¿Cuántas limusinas tenía ese príncipe? —le pregunté a alguien que parecía saberlo.

—Cien —me respondió.

—¿En qué tipo de aviones voló? —le pregunté.

—Tres 747 y un 777, todos para su séquito —dijo.

—¿Dónde se hospeda cuando está aquí? —me pregunté en voz alta.

—Él compró un hotel —dijo el hombre.

Más tarde me enteré de que el príncipe les dio a todos, en el piso del centro médico que visitó, un viaje de una semana a Dubai. Completamente gratis. Todo lo que observaba sobre la forma en que viajaba aquel hombre me incitaba un enorme deseo. Fue tan majestuoso, tan generoso, tan edificante para todos los que se atravesaron en su camino. Insisto, fue el más grande y el mejor. "¿Por qué el pueblo de Dios no puede ser así?", pensé. El ejemplo de su realeza extrajo el hijo real que había dentro de mí.

En menor escala, recuerdo haber visto mi primer Corvette en Montgomery, Alabama, cuando era adolescente. Ese hermoso cupé estaba asentado en una venta de autos cuando pasé por allí. ¡Guau! Algo saltó dentro de mí cuando vi ese pequeño auto deportivo. No podía esperar a tener uno. Hasta ese momento no tenía mucho dinero. Asistía a la universidad con una beca parcial por jugar tenis, pero estaba comenzando con el grupo musical. Una de mis motivaciones con ese grupo era ganar suficiente dinero para comprar aquel Corvette y eso fue, exactamente, lo que hice. Tan pronto como gané suficiente dinero con las giras, fui a Montgomery y compré aquel auto deportivo de dos puertas convertible. Como dice el refrán, yo era el "que más mandaba", déjame decirte.

Así como me atrajo ese auto, Dios se siente atraído por nuestro deseo. Leíste bien: Dios se siente atraído por tus deseos. Isaías 44:3 dice que Dios derrama agua sobre la tierra sedienta. Eso significa que Dios es atraído a satisfacer nuestros deseos piadosos. Él busca el fuego del deseo en nuestros corazones y luego trae respuestas para cumplir esos deseos. A él le agrada, le da placer hacer eso. Es más, uno de los trabajos del Espíritu Santo es instruir a los hijos de Dios —a ti y a mí— en cuanto a la realeza.

En realidad, Dios no se conmueve cuando no tenemos ningún deseo. ¿De qué le sirve el agua a alguien que no tiene sed? ¿De qué sirve la comida cuando alguien no tiene hambre? Puede que lo llene sin pasión, pero no agrada al corazón de Dios. Tenemos que anhelar lo que Dios quiere para que podamos recibir su mayor ejecutoria. Cuando deseamos caminar como reyes, Dios nos guía en el ambiente de la realeza. A él le encanta hacer eso. El séquito y el estilo de vida del príncipe saudita inspiraron un anhelo en mí. Dios siempre hace eso con cada uno de nosotros: pone algo ante nuestros ojos que incite el deseo que luego ha de cumplir. En Números 13, los doce espías hebreos trajeron el fruto de la tierra prometida para que lo inspeccionara toda la nación. ¡Los racimos de uva eran tan grandes que dos hombres tenían que transportarlos usando un palo! Sin embargo, ese no fue el mejor momento para exponer un buen resumen de su investigación, ni para atizar el fuego del deseo en la gente a fin de que fuera con valentía a tomar la tierra prometida. La gente no se interesó por esos frutos. Al contrario, hablaron sobre las dificultades, los gigantes, los muros, y se aferraron a los obstáculos, por lo que perdieron la oportunidad que se les presentó. Sus corazones deseaban creer el informe negativo y Dios honró ese deseo. Anduvieron errantes y murieron en el desierto hasta que la próxima generación se decidió y entró a poseer la tierra.

El deseo hace que Dios responda. Pero debemos fijar nuestros deseos en las cosas piadosas. Es por eso que el Salmo 34:8 dice: "Prueben y vean que el Señor es bueno; dichosos los que en él se refugian".

EMBAJADORES

Durante mi primer viaje misionero a Haití, la pobreza que vi fue asombrosa. Pero en medio de la ciudad capital había un enorme edificio blanco rodeado de terrenos muy bien cuidados. La gente hacía fila para entrar a ese lugar todos los días.

—¿Qué es ese lugar? —le pregunté a mi anfitrión.

—Es la embajada americana —respondió—. Esas personas hacen fila para tratar de obtener permiso para ir a los Estados Unidos.

—¿Y vive alguien allí también? —pregunté.

—El embajador —respondió mi anfitrión.

Algunos pueden sentirse ofendidos de que un embajador viva en un lugar tan agradable rodeado de tanta miseria, pero para mí fue una lección valiosa y mi primera revelación de cómo funciona el reino de Dios en la tierra. Nunca fuiste hecho para vivir al nivel del país al que Dios te envió, sino al nivel del país del que fuiste enviado. Es por eso que el séquito del príncipe saudí me pareció no tan ostentoso sino celestial. Como dicen, "el que sabe, sabe". Los reyes y las reinas deben sentirse atraídos por los ejemplos reales que los rodean.

LOS REYES SON DUEÑOS DE TODO

Una vez iba a reunirme con el gobernador de uno de los estados de Nigeria. En ese tiempo yo tenía un pequeño reproductor de video portátil, que iba a usar para mostrarle algunas cosas que sucedían en los Estados Unidos. Antes de conocer a ese hombre en su corte, un compañero ministro con el que viajaba me dijo:

—No vas a usar eso allí, ¿verdad?

—Sí, claro ¿por qué? —le respondí.

—Porque si lo haces y él te lo pide, tienes que regalárselo —me advirtió mi amigo.

Insisto, alguien podría sentirse ofendido por eso, pero a mí, ¡me impresionó! Aquí había un hombre que se veía a sí mismo como dueño, no como mendigo ni deudor. ¡Estaba actuando como rey! Los reyes gobiernan por decreto y los señores funcionan por propiedad. Por eso Dios es Rey de reyes y Señor de señores. Él es dueño de todo, incluso de ti y de mí. "Del Señor es la tierra y todo cuanto hay en ella, el mundo y cuantos lo habitan" (Salmos 24:1). Ese hombre tenía la misma mentalidad, que cualquier cosa que se trajera a su corte estaba bajo su potestad. Era un hombre que entendía la autoridad.

Los reyes que actúan como mendigos son llamados malvados en la Biblia. Eclesiastés 10:5-7 dice que hay mal bajo el sol cuando el rey anda a pie mientras los súbditos lo hacen a caballo. Dios llama maldad a vivir por debajo de tu nivel de autoridad. Tratar de que los reyes y las reinas actúen como mendigos, deudores y sirvientes es una trampa del enemigo. Observa la historia de Lázaro en Lucas capítulo 16. Esta historia, contada por Jesús, se predica de muchas maneras, pero me gustaría que la vieras en términos de un hombre que vive por debajo de su realeza. Lázaro, un mendigo, vivía a las puertas de un hombre rico. Tenía llagas en el cuerpo, apenas podía moverse y pasaba los días clamando por provisión. Pero al morir, Lázaro entró en el seno de Abraham, es decir, en el paraíso. Lázaro era rey, pero no lo supo hasta entonces. En la tierra se permitió actuar y ser tratado como un mendigo. Pero nunca fue creado para que fuera mendigo. Esta es la realidad de demasiados hijos de Dios. Actúan como mendigos cuando Dios los ha llamado a ser reyes o reinas.

El reconocido evangelista T. L. Osborn contó una vez acerca de un pintor que trabajaba en un lienzo cuando un mendigo que lo espiaba desde el otro lado de la calle le preguntó:

—¿Por qué está viéndome?

—Porque estoy haciendo un retrato de ti. Es más, acabo de terminar —le dijo el pintor.

—¿Puedo verlo? —pidió el mendigo, mientras el pintor lo invitó a ver la obra.

En el lienzo, el mendigo vio a un hombre elegantemente vestido con un traje, que llevaba un maletín y caminaba confiado por la acera.

—¿Ese soy yo? —preguntó el mendigo.

—Sí, ese es el tú que yo veo —dijo el pintor.

Algo se transformó en el corazón del mendigo en aquel momento, por lo que dijo:

—Entonces ese es el yo que seré.

Dejó el lugar donde rogaba y pasó a vivir una vida diferente y más exitosa.

Dios, de igual manera —a través del ministerio del Espíritu Santo— nos instruye constantemente para que caminemos en la plenitud de nuestra realeza.

POSEE TU HERENCIA

Dios quiere distinguirte a través de un desempeño superior y un carácter real para que los que te rodean quieran conocerlo a él y seguirte como su líder. Eso se llama influencia. Él te dará respuestas a problemas aparentemente imposibles que nadie más puede resolver. Él te dará una visión de tu grandeza, la visión de Tuskegee, y una revelación de realeza que aumentará tu influencia en la tierra.

En el Antiguo Testamento había un hombre llamado Jabés que buscó al Señor para que cambiara su vida y su destino. El nombre Jabés significa, literalmente, "tristeza" o "él que causa dolores".[1] Esto nos dice algo muy importante: aunque Jabés comenzó con una vida llena de dificultades, luchas y una pobre imagen de sí mismo, recibió

—de alguna manera— una revelación de su realeza tal que pudo hacer esta noble petición a Dios:

> Jabés le rogó al Dios de Israel: "Bendíceme y ensancha mi territorio; ayúdame y líbrame del mal, para que no padezca aflicción". Y Dios le concedió su petición.
>
> —1 CRÓNICAS 4:10

Como resultado, Dios consideró a Jabés "más ilustre que sus hermanos" (1 Crónicas 4:9 RVR1960). ¡Piensa en eso! Cuando Jabés escapó de sus antecedentes dolorosos y acogió su vida como rey, ¡Dios amplió su influencia y su billetera, y lo consideró más honorable que sus hermanos! Ese asombroso resultado está a la disposición tuya y mía. Cuando Jabés se comportó como un hijo del Rey, Dios se relacionó con él como tal.

¿Para qué te tiene el Señor en la tierra? ¿Cómo puede Dios aumentar tu capacidad para recibir tu herencia real, para que logres grandes cosas para el reino? Pídele a Dios que abra tus ojos, tu vista espiritual, para que veas quién eres. Pídele que traiga ante tu vista ejemplos de la realeza como los que tuve yo en Tuskegee y como el príncipe saudí, el embajador en Haití y mi propio padre. ¡Piensa en grande! Ora en grande, como lo hizo Jabés, y permite que Dios te guíe en la visión que tiene para ti como un hijo real y un gobernante justo en la tierra.

CAPÍTULO 6

MI TAREA EN LOS NEGOCIOS DEL REINO

U NA DE LAS principales formas en que Dios me instruyó en la realeza fue haciéndome trabajar en International Business Machines Corporation —mejor conocida como IBM— durante catorce años, en posiciones a niveles crecientes de liderazgo. Me dio esa experiencia no por mi propio bien, como pensé en aquellos tiempos, sino por el bien de muchos otros a quienes luego guiaría y enseñaría. Incluso antes de que yo naciera de nuevo, Dios me estaba dando revelaciones sobre la realeza que luego compartiría con otros.

Terminé de servir como piloto de combate y me dieron de baja con honores de la Fuerza Aérea de Estados Unidos. En ese momento decidí entrar en el mundo de los negocios. Yo era un piloto arrogante que no conocía al Señor, pero que tenía plena confianza en mis propias habilidades. Creía que no había nada que no pudiera hacer, así que cuando escuché que IBM estaba congelando las contrataciones, no me molestó en absoluto. Sabía que mi imagen hablaría por sí misma y me contratarían. Me sentía tan confiado que, mientras hacía un recorrido por una sucursal, vi una tabla de clasificación de ventas y leí el nombre en la parte superior.

—¿Quién es ese? —pregunté, señalando el nombre con mi dedo.

—Ese es nuestro líder de ventas principal —dijo mi anfitrión.

—Puedes considerarlo vencido —respondí. Tenía esa confianza pero, por supuesto, también había mucho orgullo humano. Dios necesitaba sacar eso de mí para que tuviera una revelación pura de la realeza no descompuesta por la bravuconería. Aun así, mi sentido de la realeza me convenció de que no había ningún obstáculo demasiado alto que superar.

¿UNA MALA ASIGNACIÓN?

IBM me contrató y me asignó la tarea de vender computadoras a la industria médica en un área geográfica determinada. Estaba muy complacido pero, después de asistir a la capacitación, cambiaron mi asignación a organizaciones sin fines de lucro. Eso parecía un desastre, por lo que me fui a casa echando chispas.

"¡Esto no va a funcionar! —me dije a mí mismo—. No hay dinero ni ventas en ese territorio. ¿Qué motivaría a una organización sin fines de lucro a comprar millones de dólares en computadoras?".

Luego me precipité desde la alta escalera de la amargura por cada peldaño de la culpa.

"¡Están prejuiciados contra mí! Se sienten amenazados por lo que puedo hacer. Están tratando de mantenerme abajo y proteger a los demás". Iba una y otra vez. Luego planifiqué mi escape, pensando que esa mala asignación era simplemente un entrenamiento para ir a otro lugar. Supuse que tal vez no debía trabajar a largo plazo para IBM, sino poner un pie en la puerta de la industria y luego llevar esas habilidades a otra parte.

Al fin, llegué a un lugar establecido, dejé a un lado toda la culpa y vi la situación por lo que era: una tarea que no quería pero, al fin y al cabo, una tarea que hacer. Rechazar eso no resolvería nada. "Si puedo volar cazas, puedo intentar que esto funcione", concluí y decidí intentarlo. Tragándome mi orgullo lo mejor que pude, pulí mi presentación de negocios y comencé a reunirme con líderes grandes y pequeños de organizaciones sin fines de lucro en el territorio del centro de Chicago que me asignaron.

¿Adivina qué? Resultó tal como lo pensé. Esa gente no compraría nada. Todas mis predicciones negativas se hicieron realidad. Por supuesto, culpé ciegamente a IBM, a los líderes de las organizaciones sin fines de lucro, a mis gerentes, a mis compañeros de trabajo y a cualquier otra persona que tuviera a la vista. Recuerda, todavía ¡yo no había nacido de nuevo!

Así que, una noche, Debbie —una compañera de trabajo en el departamento de ventas—, me vio trabajando hasta tarde y me dijo: "Winston, ven, tomemos un café". Se sentó conmigo y me dio algunos consejos.

"Tu problema es que das la impresión de que lo sabes todo. Tu presentación es demasiado perfecta. No dejas espacio para nada", dijo.

Había tratado de hacer todo perfecto. Esa fue mi formación como piloto de combate, precisión absoluta.

"Si eres perfecto, los clientes sienten que no tienen espacio para tomar una decisión, no tienen opciones. Todo es muy cuadrado para ellos y eso no les gusta", dijo. "Cuando estés haciendo tu presentación, escribe mal una palabra o algo. Dales un poco de espacio para que tengan razón en algo". Aquello parecía un consejo loco, pero estaba dispuesto a intentar cualquier cosa. Al día siguiente, en una presentación, no dije —intencionalmente— una u otra palabra, y hasta escribí mal algunas en los materiales escritos. Para mi asombro, ¡funcionó! Hice la venta. ¡Qué día tan feliz! Ese cliente firmó al final y compró la computadora. Estaba tan complacido por eso que casi no sabía qué hacer. Mi apariencia de perfección y superioridad había sido una barrera para el éxito de mi negocio, una barrera para las relaciones, etc. Para crecer y madurar, tuve que humillarme. Ahora pude ver que IBM me estaba enseñando algunas cosas.

A partir de ese momento puse en práctica esa lección y llegué a ser el mejor vendedor en la sección de cuentas nuevas de nuestra oficina. Mis clientes no eran clientes de IBM. Es posible que nunca hayan comprado una computadora IBM, así que tuve que traerlos a nuestro lado y convencerlos para que probaran una nueva marca de sistema informático. No fue fácil y, además, requirió mucho conocimiento y algo de desempeño, pero sobre todo requirió que debía reconocer mi error y disculparme. Empezaba esas reuniones diciendo: "Permítanme ser su socio, no su adversario. No estoy aquí para imponerles algo que no quieren ni necesitan. Mi objetivo es que su organización se haga más eficiente y que su gente esté más complacida con ustedes que nunca. Creo que eso podría ayudarles".

Ese cambio de enfoque hizo un mundo de diferencia. Todavía me sorprende cómo un pequeño clic de la llave abre una nueva puerta. Ellos vieron el verdadero valor de lo que yo vendía.

CAMBIO DE TEMPORADA

Me fue tan bien con ese territorio que me dieron otras oportunidades en las áreas de la industria, la banca y la manufactura también. Gané más dinero ese año que lo que jamás había imaginado. Ahora era un meteoro en IBM, ascendiendo en las listas de ventas. Tenía el favor de la alta gerencia y de mis compañeros. Por ejemplo, la empresa siempre estaba capacitando a sus empleados, y cuando viajábamos a Nueva York o a otro lugar para recibir capacitación, los instructores hacían que cada grupo seleccionara algunos representantes. Fui elegido por mis compañeros de trabajo para ser presidente de tres clases de capacitación y vicepresidente de otra. Esos compañeros de estudios eran de universidades de la Ivy League y otras muy prestigiosas. Ellos no me conocían, pero después de unos días juntos me seleccionaban. Ahora creo que vieron cierta confianza o algo de realeza en mi voz que incluso yo no sabía que las tenía.

Lo más importante que me pasó en IBM fue que volví a nacer. Sucedió en mis primeros dos años, cuando estaba luchando. Todo parecía estar desmoronándose, cuando clamé a Dios por ayuda. Una secretaria me invitó a lo que descubrí que era una reunión de iglesia y esa noche entregué mi vida al Señor. Más tarde conocí a Verónica en IBM y nos casamos. Mi vida iba muy bien y Dios nos bendijo abundantemente.

Debido a una buena promoción, nos mudamos de Chicago a Minneapolis. Desde un punto de vista comercial, prosperé en Minnesota. Nos dieron la tarea de vender computadoras a algunas de las empresas más grandes, como 3M. Había llegado a una especie de pináculo e incluso me estaba fijando en la posibilidad de convertirme en presidente de una de las divisiones de IBM.

Sin embargo, los vientos estaban cambiando para mí y algunas pequeñas cosas empezaron a mostrarlo. Un día, cuando dirigía una reunión de una sucursal de la empresa con siete u ocho gerentes, uno de ellos del área de marketing comentó de repente: "¿Sabes, Bill?, a veces suenas como un predicador". Por alguna razón, esa declaración me avergonzó y lo espeté: "¿Por qué no te ocupas de tus propios asuntos y vendes algo para que todos en esta sucursal estén felices?". Se lo tomó a broma, pero realmente me indignó el comentario que había hecho. Me recordó la vez que una señora en la iglesia me dijo: "¿Sabes?, vas a ser predicador". ¡Le agradecí sus elogios y nunca volví a hablar con ella! Eso es lo mucho que no quería escuchar esas palabras. Sin embargo, esas personas vieron algo en mí que no podía ocultar: una vocación más grande que vender sistemas informáticos y escalar jerarquías empresariales.

En aquellos tiempos, en mi andar cristiano, escuchaba con avidez cada enseñanza acerca del reino de Dios y la fe que podía tener en mis manos. No me importaba si el predicador era bautista, pentecostal o de alguna otra línea denominacional. Estaba hambriento de estudiar la fe. Tanto que quería oír hablar de ella a cualquiera que realmente creyera y operara en ella. Dios me estaba atrayendo al mensaje que algún día predicaría, pero todo lo que sabía entonces era que tenía hambre de aprender.

En el trabajo me iba bien, pero las cosas no marchaban como antes. Lo sentía más un poco más aburrido. Las cosas ya no me resultaban favorables. No estaba disfrutando tanto del trabajo como antes. Peor aún, esos comentarios irritantes quedaron grabados en mi mente y tuve que reconocer cierta verdad en ellos. Sentí que algo me estaba alejando de IBM. No estaba seguro de qué era, pero sabía que tenía un deseo por las cosas de Dios: predicar, como habían dicho aquellas personas. "¿Qué está sucediendo aquí?", me preguntaba. Hasta entonces nunca quise ser predicador. Los predicadores no tenían la influencia, el éxito ni el dinero que yo soñaba tener. No poseían grandes casas como las de los ejecutivos empresariales. Esos pensamientos dieron vueltas en mi mente hasta que, al fin, Verónica y yo decidimos dar un pequeño paso de fe al comenzar un estudio bíblico semanal en nuestro apartamento en Edina, un suburbio de Minneapolis.

Antes de que nos diéramos cuenta, esa pequeña reunión de estudio comenzó a crecer. Una noche el Señor realmente me puso a prueba. Una mujer intervino precisamente en medio de la reunión y dijo:

—¿Qué me impide bautizarme en este momento?

Yo había estado enseñando en Hechos 8, donde el eunuco etíope hace la misma pregunta en el versículo 36: "Mientras iban por el camino, llegaron a un lugar donde había agua, y dijo el eunuco: 'Mire usted, aquí hay agua. ¿Qué impide que yo sea bautizado?'".

Así que respondí al instante:

—¿Agua? Estamos en un apartamento.

—Este complejo de apartamentos tiene una piscina en la planta baja —dijo ella.

—Bueno, puede que haya gente allí —dije sin convicción. Pero yo lo que estaba era intentando averiguar cómo decirle que no. Lo cierto es que yo había comenzado enseñando acerca de un hombre que se bautizaba a la orilla de un camino.

—Pero esas personas pueden hacerse a un lado —declaró la mujer—. Aquí tengo mi traje de baño. Estoy lista para que me bautice.

Ella no estaba bromeando, ¡en realidad había traído su traje de baño! "No hay manera de que pueda decirle que no", pensé. Me sentí verdaderamente convencido por su fe. Así que, por mi propia vergüenza, la conduje a ella con los demás asistentes a la piscina del complejo de apartamentos. En verdad, me encogí cuando catorce de nosotros nos reunimos alrededor de una esquina poco profunda de la piscina. Sentí los ojos de mis vecinos ardiendo en mi espalda mientras nuestro grupo observaba a la mujer emocionada. Deseoso de terminar con aquello, la bauticé y la gente aplaudió. Los que no estaban en nuestro grupo nos miraron y se preguntaron: "¿Qué está haciendo ese hombre?".

Ese fue mi primer bautismo, no muy bonito por mi parte, pero al menos acepté el desafío. Aquella mujer permaneció apasionada por el Señor al punto que se convirtió en una poderosa y maravillosa sierva de su reino. Es asombroso lo que Dios puede hacer.

Sin embargo, aunque mi sentido del decoro fue vulnerado, ese bautismo nos dio a Verónica y a mí un gran avance en nuestra reflexión acerca de lo que Dios podría hacer con nosotros. Sentimos que vendría más y que no todo iba a ser muy cómodo.

Iglesia YMCA

Viajaba por el Medio Oeste en dirección a IBM, pero mientras tanto nuestro estudio bíblico ya era pequeño en nuestro apartamento, así que alquilamos un salón en el YMCA de la comunidad los domingos por la mañana para celebrar las reuniones. Pronto hubo demasiadas personas para caber en esa instalación, así que nos mudamos a un salón más grande en otras instalaciones de YMCA. Muy pronto nuestras reuniones parecían servicios eclesiásticos, con momentos de adoración, enseñanza y testimonio. Algunas personas se ofrecieron como voluntarias para tocar y cantar en los momentos de alabanza, mientras que otras se paraban en la puerta y saludaban a las personas que llegaban. Dirigidos por el Espíritu, algunos asumieron varios roles. Apenas tuvimos que organizarlos. Dios estaba claramente dando forma a lo que estaba sucediendo. Verónica y yo nos maravillamos de lo que estaba sucediendo. En aquel momento pensé en dos carreras profesionales, una en IBM y otra de medio tiempo en el ministerio, porque así era mi vida. El problema fue que no pude encontrar ningún ejemplo de alguien que hiciera eso. Lo estaba inventando sobre la marcha. Entonces los dos mundos comenzaron a entremezclarse. Un día en IBM, una mujer que trabajaba para mí dijo: "Escuché que tienes una pequeña iglesia". Había estado manteniendo mi congregación en secreto lo mejor que podía, pero le dije que tenía razón, que estaba en eso.

—¿Y dónde está? —me preguntó—. Podría pasar por allí en algún momento.

Se lo dije y, efectivamente, asistió a una reunión poco después. Esa mañana, después de nuestro tiempo de alabanza y adoración, me levanté, los saludé a todos y les conté la historia de cómo nací de nuevo. Me di cuenta de que una mano en la parte de atrás se levantaba. Era la mujer que trabajaba para mí.

—¿Sí? —dije, llamándola por su nombre.

—Quiero ser salva —dijo simplemente.

—¿Que qué? —le respondí.

—Que quiero ser salva —repitió.

Entonces le dije lo más absurdo que se podría decir en una circunstancia como esa:

—Espere hasta el final del servicio, cuando llamemos a la gente.

Su mano bajó y dije algunas palabras más. De repente volvió a levantar la mano.

—¿Sí? —dije pacientemente.

—Quiero ser salva ahora mismo —dijo. La gente se echó a reír y aplaudió. Sabía que ella tenía razón, aunque en mi inmadura mente ministerial estábamos interrumpiendo el flujo normal de las cosas.

—Está bien, sube —le dije—. ¿Alguien más quiere ser salvo?

¡Seis o siete personas más se acercaron! Entonces me di cuenta de que el simple hecho de contarles la historia de mi testimonio los había inspirado. Eso les dio la visión de una nueva vida en Cristo y fue la semilla que hizo brotar su deseo de ser salvos. Lo que había dicho no tenía complicaciones, pero dio frutos instantáneos.

Así fue como Dios trabajó conmigo desde entonces. Cada vez que me hacía avanzar, pasaba de la comodidad a la incomodidad en lo desconocido. Cada vez que me preguntaba: "¿Cómo voy a operar en este nuevo lugar?", él fue fiel en enseñarme, y así crecí en el ministerio, paso a paso.

Pronto, otros empleados de IBM visitaron la iglesia y también nacieron de nuevo. Nos quedó pequeño ese salón más grande, por lo que deseábamos tener nuestro propio edificio, al que pudiéramos ir a orar en cualquier momento. Así que encontramos un lugar para arrendar en una parte pobre de la ciudad, nos llamamos Mission Temple of Faith, y el ministerio siguió creciendo.

RENUNCIÉ A IBM

Relato la siguiente parte con el objeto de mostrarte lo desordenado e incierto que se puede sentir al caminar en la voluntad de Dios. Para mí, al menos, no fue una línea recta inundada de luz y certeza. ¡Fue algo muy diferente! En ese momento, cierto pasaje de la Biblia se clavó en mi corazón como una púa. Provino de un mensaje que escuché a alguien predicar sobre la siembra y la cosecha. En Marcos 10:29-30, Jesús dice: "Les aseguro que todo el que por mi causa y la del evangelio haya dejado casa, hermanos, hermanas, madre, padre, hijos o terrenos recibirá cien veces más ahora en este tiempo (casas, hermanos, hermanas, madres, hijos y terrenos, aunque con persecuciones); y en la edad venidera, la vida eterna".

De modo que empecé a reflexionar en esas palabras. Resonaban dentro de mí: "Recibe el céntuplo *ahora*, en este tiempo". Mi meditación en ese pasaje no solo transformó mi mente sino que me dio un vistazo de mi futuro, lo que me llevó rumbo a mi destino. En mi cómoda forma de pensar, no me gustaba la idea de dejar el mundo de los negocios y entrar al ministerio de tiempo completo, pero me agradaba eso de recibir cien veces más de lo que tenía en ese momento. Dios usa los gustos de tu glorioso futuro para llevarte a donde él quiere que vayas. A través de la meditación bíblica, ya no me vi cayendo en la pobreza al dedicarme al ministerio de tiempo completo. Al contrario, vi un futuro glorioso.

Sin embargo, parecía que tan pronto como me aferré a esas palabras por fe, todo tipo de fuerzas se desataron en mi contra, especialmente en el área de nuestras finanzas. En ese tiempo, solo teníamos un ingreso. Verónica acababa de tener a David y no volvió a trabajar después del permiso de ausencia laboral por maternidad. Teníamos los gastos de un nuevo bebé, nuestra casa necesitaba reparaciones y teníamos otros gastos. "¿Cómo voy a pagar por estas cosas sin mi trabajo en IBM?", me preguntaba una y otra vez. Fue entonces cuando las palabras de Jesús me sostuvieron, me afirmaron y me hicieron inquebrantable. "Nadie que deje algo por causa del evangelio dejará de recibir el ciento por uno, ¡ahora!".

Pronto la luz de la revelación irrumpió en mí y supe que Dios estaba confirmando su voluntad en cuanto a que dejara IBM. Cada vez que llega la luz, cesan las luchas. Sucedió mientras conducía por la carretera en Minnesota. Lo siguiente que supe fue que me detuve a un lado de la carretera y llamé a Verónica.

"Amor, me voy de la empresa", le dije con confianza.

"Bueno, ¡alabado sea el Señor!", dijo como si hubiera estado esperando que me decidiera.

Con las palabras de Jesús muy claras en mi mente, entré un día a la oficina de mi jefe. La claridad te hace audaz. Sabía que estaba dejando algo bueno por algo mejor.

—Me voy de IBM hoy —anuncié sin ninguna vacilación en mi voz. Me miró como si hubiera perdido mi actitud siempre armoniosa.

—¿Te vas a otra empresa? —preguntó, pensando que me iba a perder con la competencia. Habría sido un golpe en su contra, perder a alguien a quien había entrenado.

—No —le dije y le aseguré que mis planes futuros ya no estaban en la industria informática. Con todo y esa explicación él, todavía, no podía creerlo.

—Tómate dos semanas libres —indicó—. No pienses en la empresa en esos días. Nosotros nos encargaremos de todo.

Hice eso y, en un esfuerzo por mantenerme, IBM me propuso que me quedara en Minnesota y que me desempeñara como la imagen de la empresa ante el público. Me ofrecieron pagarme el mismo salario. Para ser franco, eso lucía genial; así que me fui a casa, pasé la mañana temprano en oración y le ofrecí su propuesta a Dios. Él me dio una respuesta bastante fuerte con Génesis 14: "No tomaré nada de lo que es tuyo, ni siquiera un hilo ni la correa de una sandalia. Así nunca podrás decir: 'Yo hice rico a Abram'" (v. 23). ¡Ah! Él no estaba bromeando, pero no tuve más remedio que obedecer. Después de que terminaron las dos semanas, fui a trabajar.

—Entonces, ¿qué pensaste? —preguntó mi jefe.

—Creo que no solo me voy, sino que me voy ahora mismo —le dije. Él y los demás deben haber pensado que la religión me había confundido, pero lo único que me importaba era ser obediente a la palabra del Señor. La situación solo se estaba volviendo más clara para mí.

No mucho después de eso, me llamó el gerente de una sucursal en Milwaukee. Ese hombre era un católico no practicante que tenía problemas con la bebida y una vida difícil. Pero la historia que me contó fue asombrosa.

—Bill, ¿qué te pasó? —preguntó con gran preocupación en su voz—. No soy un hombre religioso, pero estaba manejando y vi tu rostro en las nubes. ¿Qué te ha pasado?

Me alegré bastante con aquella extraña confirmación.

—Voy a entrar al ministerio —le dije con valentía—. Gracias a Dios, tomé la decisión correcta.

A la mañana siguiente de abandonar IBM para siempre, Verónica entró en mi estudio y me dijo: "Cariño, Dios me habló en cuanto a que fueras a un seminario". ¡Ella no sabía que él me había dicho lo mismo a mí! Todo lo que pude decir fue: "Ahhhh". Sabía que algo estaba pasando más allá de lo que cualquiera de nosotros podía imaginar. Unos días después pusimos nuestra casa a la venta. Se vendió en un día.

Siempre habíamos orado: "Dios, permítenos estar en la primera línea y en la vanguardia de lo que estás haciendo". Y aceptó nuestra petición.

Lo curioso es que todas las personas de IBM que pensaron que estaba loco, e incluso me evitaron por algún tiempo, volvieron a mí a lo largo de los años y restablecieron nuestras relaciones. Un gerente se salvó, en parte, debido a mi salida. Otra mujer que admitió que pensó que yo había perdido la razón, acudió a mí —años más tarde— porque quería inscribirse en la escuela de negocios de nuestra iglesia. ¡Fue algo maravilloso!

Yo había dejado el mundo empresarial y estaba a punto de recibir otro tipo de formación: empezar desde abajo, no desde arriba.

CAPÍTULO 7

COMIENZOS EN CHICAGO

C UANDO DEJÉ IBM, mi esposa y yo nos mudamos de inmediato a Tulsa, Oklahoma, donde asistí al seminario y donde Verónica declaró y recibió el trabajo en el área de computación. Después de una temporada relativamente breve allí, sentimos el llamado de Dios a regresar a Chicago para buscar el designio de nuestro reino allí.

La gente suele hablar de los pequeños comienzos, pero nuestro regreso a Chicago fue verdaderamente pequeño y aleccionador. Verónica y yo regresamos con nuestro hijo pequeño, David, y con solo doscientos dólares. No teníamos un lugar donde quedarnos, pero una querida hermana en Cristo, Beverly, nos abrió su hogar y nos cuidó hasta que pudimos establecernos. Vivimos con la hermana Beverly casi ocho meses.

Un sábado, después de una reunión que celebrábamos en el hotel Quality Inn, en Halsted Street, una pastora que estaba en la audiencia me preguntó si podía hablar con el grupo de su iglesia, que se reunía en un pequeño edificio comercial en la esquina de Lake Street y Pulaski Road, en el lado occidental de Chicago. Acepté y fui a predicar poco tiempo después.

Tras terminar la exposición, Dios me ordenó que pusiera las manos sobre los enfermos y que echara fuera los demonios. Mientras hacía eso, ¡sucedieron milagros! La pastora que me invitó dijo: "¡Dios me está diciendo que te entregue este lugar ahora mismo!". Aquello ocurrió tan rápido que dije: "Vaya, espere un minuto. Espere ahora. Déjeme ir y orar al respecto". Cuando regresé a la casa de la hermana Beverly y oré, Dios me dijo: "Acéptalo", lo cual hice. Ese fue el comienzo de nuestra primera iglesia en Chicago.

LA UNCIÓN EN LA CALLE

Llamamos a la iglesia Living Word Church of Chicago, estaba ubicada en uno de los distritos con mayor índice de criminalidad en Windy City. La mayoría de la gente allí no tenía dinero. Estaba bastante seguro de que ni siquiera tenían cuentas bancarias. El vecindario era realmente desagradable a la vista: los edificios eran viejos y estaban deteriorados. Al lado del edificio de la "iglesia" había un lugar donde la gente jugaba con frecuencia. El dueño de nuestro edificio no aceptaba cheques para pagar el alquiler, solo efectivo.

Lo malo de todo eso fue que los miembros de la familia de mi esposa, que son de Chicago, ni siquiera acudían a nuestros servicios.

Un día, cuando algunos de nosotros estábamos orando antes del servicio, una mujer mayor que vivía en el vecindario vino a la iglesia. Lo primero que dijo fue:

—Necesito hablar con el pastor.

—Yo soy el pastor. ¿Cómo puedo ayudarla? —le respondí.

Me explicó que los traficantes de drogas se habían apoderado de su cuadra y que se negaban a irse, por lo que ahora todos los residentes del lugar tenían miedo de salir.

Los niños ni siquiera podían salir a jugar. Le dije que se uniera al círculo de oración y, acto seguido, oramos por la situación. No sabía lo que Dios iba a decir ni a hacer, pero escuché sus instrucciones.

Él me dijo: "Agarra una botella de aceite para ungir, bendícela y dile a la mujer que la derrame en medio de su calle".

"¡Bueno, dásela ya!", y le entregué la botella de aceite para ungir que casualmente llevaba conmigo. Ella se fue. Unos días más tarde regresó y testificó que hizo exactamente lo que le dije. Ella informó que los narcotraficantes regresaron al día siguiente, se quedaron alrededor de una hora, luego empacaron y nunca más regresaron. No intervino ningún policía. ¡La solución de Dios había funcionado de la noche a la mañana! ¡Alabado sea el Señor!

Ojalá todos los problemas del vecindario hubieran desaparecido con ellos. Todavía teníamos que barrer las botellas de licor rotas que dejaban en la entrada principal de nuestro edificio antes de los servicios. Luego, una noche, mientras estábamos en una actividad, alguien robó nuestro automóvil. ¡Estaba literalmente enseñando sobre demonios y liberación cuando uno de esos demonios apareció y robó mi auto!

Ahora mi familia no tenía transporte, así que tomamos el tren L, desde nuestro apartamento hasta la iglesia, con Verónica a menudo sosteniendo a nuestro hijo con una mano y su guitarra en la otra. Después de pasar un gélido invierno en Chicago, finalmente conseguimos otro auto. La iglesia estuvo en ese lugar casi un año y, aunque experimentamos dificultades, ni una sola vez temimos ir allí. Sabíamos y confesamos que el Señor era nuestro protector, escudo y nuestra fortaleza, y avanzamos en la fe. Nunca nos hicieron daño.

Vimos diez mil

Mientras estuvimos en Lake y Pulaski, no tuvimos ninguna prueba natural —que pudiéramos ver— de que nuestros esfuerzos ministeriales iban a dar buenos resultados. Lo hicimos todo por fe, sin que nadie nos respaldara ni ninguna otra iglesia que nos apoyara. Vivíamos enfocados en lo eterno, donde la provisión fluye directamente de Dios, nuestro abastecedor. Fue por pura fe que supe que el ministerio crecería. Cuando estaba en el seminario, podía ver en mi mente diez mil personas asistiendo a nuestra futura iglesia, por lo que los números bajos no me molestaban en absoluto. Sabía que llegaríamos a esa meta. Mientras vivíamos en Tulsa, éramos miembros de una gran iglesia cuyos servicios dominicales se llevaban a cabo en un enorme estadio deportivo de una universidad local. Dios se aseguró de mantener una gran visión ante nosotros, incluso en tiempos difíciles. Como José, en el Libro de Génesis, pude ver el futuro antes de que se hiciera realidad. Y es que cuando mantienes la visión ante ti, te vuelve audaz, persistente y valiente. Eso te mantiene emocionado. Yo estaba consciente de que mi propósito comenzaba a manifestarse a pesar de nuestros humildes comienzos. Dios iba a hacer mucho más.

Entre tanto, nos mantuvimos fieles, persistiendo. Verónica tocaba la guitarra mientras yo dirigía la alabanza y la adoración. En aquella diminuta sala apenas cabían unas cuarenta personas. La Palabra estaba saliendo, por lo que Dios atraía a la gente a su visión, su misión y su mensaje. Uno de los miembros de la congregación conducía unos cuarenta y cinco kilómetros dos veces por semana desde Gary, Indiana, para asistir a los servicios. En mi mente, estábamos viendo un pequeño cumplimiento de Ezequiel

36, que habla de que el Señor reconstruye los lugares deso-
lados. Sabía que un día la gente pasaría por nuestra iglesia
y diría: "Vaya, mira eso. Eso era un desierto, pero ahora
parece el Edén". Era un lugar profético, no patético.
Un recuerdo de nuestro tiempo en Lake y Pulaski está
grabado a fuego en mi mente. Durante un servicio en particular, caminé de un lado a otro por los estrechos pasillos
entre las sillas plegables cuando el Espíritu de Dios vino
sobre mí y grité: "¡Debes verte a ti mismo como realeza!".
Las palabras vinieron directamente del Espíritu. Para la
mente natural, aquella declaración es probable que sona-
ra tonta. Nuestra iglesia difícilmente podría haber sido
más pobre. Muchos de nuestros miembros abandonaron la
escuela, algunos no sabían leer y estaban muy necesitados,
pero amaban a Dios. Cuando dije esas palabras, no estaba hablando de lo que veía con mis ojos naturales. Estaba
hablando de lo que Dios me había mostrado como parte
de su plan para las vidas de ellos y para nuestro ministerio.

ORAMOS CON PODER

En las trincheras del ministerio estaba aprendiendo cosas
que no podía aprender en cabinas de aviones ni en salas
de reuniones empresariales. Casi tuvimos que reducirnos
a nada para comprender la capacidad de cuidarnos que
Dios mostró que teníamos para que pudiéramos atender a
los demás. A decir verdad, no tenía la experiencia suficiente para pastorear un grupo más grande en ese momento.
Habría cometido demasiados errores, así que Dios permitió que empezáramos por lo pequeño. Nos estaba entrenando para la realeza, para el gobierno, para reinar y yo
necesitaba una nueva humildad para hacerme enseñable,
de forma que Dios pudiera darme la influencia adecuada

sobre los demás. El orgullo llegó fácilmente cuando piloteaba jets y dirigía personas en una gran empresa. Dios estaba moldeando mi corazón en nuevas maneras, por lo que eligió ese ambiente para hacerlo. Nunca me sentí castigado ni apartado. Sabía que me esperaban grandes cosas. Unos meses después de comenzar la iglesia, Verónica y yo nos mudamos de la casa de la hermana Beverly a un apartamento, tipo estudio, y luego a otro de dos habitaciones. Conseguir ese apartamento fue un milagro en sí mismo. No teníamos dinero para el depósito de arrendamiento ni mucho menos muebles, pero el Señor nos dio favor con la oficina administrativa. Incluso nos permitieron usar muebles del apartamento modelo hasta que pudimos comprar algunos.

Para orar temprano en la mañana sin molestar a la familia, me iba caminando hasta el estadio de fútbol de la escuela secundaria que estaba al otro lado de la calle de nuestro apartamento. En las tranquilas horas del nuevo día, caminaba alrededor de la pista orando; luego me sentaba en las gradas y leía mi Biblia. Hice eso durante meses, pero estaba haciendo más que caminar y leer. Estaba decretando las Escrituras y estableciendo mi futuro.

Como verás, aunque estábamos luchando en un ambiente difícil en la iglesia, ese ambiente difícil no estaba en nosotros. Cuando oraba, ensayaba quién era yo: mi realeza, mi comisión divina y mi carácter. Josué 1:3 nos dice: "Tal como le prometí a Moisés, yo les entregaré a ustedes todo lugar que toquen sus pies". Con cada paso que daba, proclamaba mi jurisdicción sobre esa zona, mi destino en la vida y mi vocación real como hijo del Rey.

Transitando por ese camino, hacía confesiones de fe sobre mi familia, nuestro ministerio y nuestras finanzas. Confesaba la verdad una y otra vez hasta que tuve lo que algunas personas llaman un gran avance o la sensación de estar consolidado en el Espíritu. Eso es como una transacción del espíritu, cuando sientes que has completado algo y ves que ya es seguro. Cualquier cosa que desees en oración, puedes estar confiado de que ya existe en el espíritu, por lo que ahora te adueñas de ello por fe. Ya posees el "título de propiedad" (ver Hebreos 11:1).

Siempre había sido un hombre de oración, pero como que volví a aprender que nuestro verdadero poder está en la oración. La oración te transporta a lo eterno y te hace percibir una imagen precisa de ti mismo. Te hace volar por encima de la lógica humana a un lugar en el que impera la instrucción y la provisión sobrenatural. Así que seguía orando de acuerdo a la respuesta, no al problema. Dios solo trata con respuestas. Algunas personas acuden ante Dios y llenan el ambiente con sus problemas. Dios ya conoce esos problemas. Él nunca nos dijo que oráramos por lo que estuviera mal en nuestras vidas. Al contrario, en Marcos 11:24 nos dice que oremos por nuestros deseos; de modo que cuando hagamos eso creamos que recibimos las cosas que deseamos, y las tendremos. La idea es mantener la respuesta ante ti en oración, puesto que enfocarte en la respuesta trae fe.

Aprendí, una y otra vez, a responder a cada situación con la Palabra de Dios. ¿Por qué? Porque es el factor que todo lo controla, lo cual hace en cada circunstancia. Cuando oras por el problema y deliberas sobre él, estableces y grabas cosas incorrectas en tu corazón. Terminas pensando en esos problemas y hablando de ellos contigo mismo así como con los demás. Dios no responde a ese tipo de oraciones, pero los demonios sí lo hacen. Ellos aprovechan la ocasión.

En el ambiente mundano existen las líneas psíquicas directas —como esas que anuncian en los medios de comunicación—, pero ¿sabías que también hay oraciones psíquicas? ¿Qué quiero decir con eso? Lo que quiero decir es que las palabras que no se alinean con la Palabra de Dios les dan permiso a los demonios para que traten de hacer que esas expresiones se hagan realidad. La Biblia llama a eso hechicería, puesto que involucra demonios que imparten palabras pronunciadas por alguien que se alinea con el reino de las tinieblas. Cuanto más meditamos sobre los problemas causados por el enemigo, más potenciamos la obra del enemigo y más engrandecemos el nombre del maligno. ¡Que eso nunca ocurra contigo!

Dios quiere corazones enfocados en las respuestas, no en los problemas, porque ellas fluyen de la Palabra de Dios y de la voluntad de Dios. Cuando potenciamos la respuesta con nuestra atención y nuestro acuerdo, ella se manifiesta pronto y reduce el problema a la inexistencia.

Permíteme que te pregunte: ¿Se alinea tu vida de oración con la Palabra de Dios? Si no es así, ¿cuál es la sustancia de tus oraciones? ¿Acaso son tus oraciones una larga lista de quejas y deseos? Si estás orando con palabras que Dios no dijo o que no fueron concebidas por el Espíritu Santo, no producirán los resultados que deseas. Dios vela por su Palabra para cumplirla, no vigila las que tú dices ni las del enemigo sino la de *él*. Ora cosas a las que Dios pueda responder. No tienes que elevar tu voz ni orar en cierto lugar o posición ni por una determinada cantidad de tiempo. El poder está en su Palabra. Di lo que Dios dice y alinea tus oraciones con su Palabra. Eso es lo que significa orar con poder y lo que es obtener resultados.

Cuando haces eso, los ángeles —literalmente— pelean tus batallas por ti. No estamos solos en el camino de la fe. Una gran inspiración para mí en esa temporada en la que estábamos creciendo en nuestro ministerio fue un libro de

Cindy Trimm llamado *Hola mañana*. Ella anima a los lectores a despertarse y decretar cosas que los ángeles ayudan a hacer realidad a lo largo del día. Creo firmemente en eso, por lo que vivo de esa manera. La costumbre del rey es contar con servidores. Como hijos de Dios, nuestro Padre envía ángeles, espíritus ministradores, para que obren a nuestro favor. Ellos instauran caminos de productividad y vías de éxito. A los ángeles no los empoderan las quejas, los problemas ni las mentiras. Dios los envía a la misión, únicamente, cuando has verbalizado tu acuerdo con los decretos celestiales. Es por eso que Dios le advirtió a Moisés, en Éxodo 23, que cuidara su boca.

> Date cuenta, Israel, que yo envío mi ángel delante de ti, para que te proteja en el camino y te lleve al lugar que te he preparado. Préstale atención y obedécelo. No te rebeles contra él, porque va en representación mía y no perdonará tu rebelión. Si lo obedeces y cumples con todas mis instrucciones, seré enemigo de tus enemigos y me opondré a quienes se te opongan.
>
> —Éxodo 23:20-22

Cuando veas la tierra prometida frente a ti, y cuando tus palabras estén de acuerdo con los decretos del Rey de reyes, entonces Dios te llevará a la dirección que ha reservado para ti, aunque te tome un poco de tiempo.

CLAVES DE LA RIQUEZA

En aquellos primeros días en Chicago, no teníamos medios de apoyo financiero aparte del de la iglesia, lo cual no era mucho. Pero no necesitábamos tanto. Verónica no había tenido un vestido nuevo en cuatro años, pero ninguno de los dos nos quejábamos. Seguimos fielmente la ley del reino en cuanto a sembrar y cosechar; de modo que en el momento oportuno nuestra familia se mudó del apartamento a una casa nueva que estaba en alquiler. Fue una bendición de Dios porque nos dio más espacio.

Aun así, el dinero era escaso. En cierto momento, queríamos un teclado para que la iglesia lo usara en la alabanza y la adoración, así que fuimos a un almacén de una gran cadena de tiendas de instrumentos musicales para comprar uno. El vendedor nos preguntó:

—¿Qué tipo de teclado les gustaría?

—¿Qué tienes? —le pregunté.

—Tengo este. Es nuevo y es marca KORG —respondió.

El vendedor empezó a tocar el instrumento, que sonaba como una orquesta.

—¿Cuánto cuesta? —le pregunté.

—Un poco más de 3000 dólares —respondió y casi me atraganté. ¡Podrías conseguir un automóvil por tanto!

—Bueno —le dije— puedes mostrarme los que cuestan 150, porque eso es todo lo que tengo para gastar.

Así que nos acompañó a la sección de los teclados baratos y, mientras los estábamos observando, entró a la tienda un tipo que pertenecía a una banda de *rock and roll*. Tenía el cabello azul y amarillo, además de un anillo en cada dedo. ¡Lo vi comprar dos de esos KORG en el acto!

Entonces pensé: "Nosotros estamos sirviendo a Jesús con todo nuestro corazón y ni siquiera podemos comprar un teclado decente para la iglesia". No estaba enojado, pero la realidad me impactó. Fui provocado a creer más. ¡No era correcto que los músicos mundanos tuvieran mejores instrumentos que los hijos de Dios!

Esta y muchas otras lecciones nos moldearon durante esos años de escasez en Chicago, pero pronto Dios nos llevaría a nuestra nueva dirección y nos elevaría más alto, al ámbito de la visión real para el ministerio que nos había encomendado.

TERCERA PARTE

APRENDER A RECIBIR

Y A

PROSPERAR

CAPÍTULO 8

COSECHA TU HERENCIA REAL

LEGA EL MOMENTO en que comienzas a cosechar la herencia real que has decretado por fe. Es imposible saber cuándo sucederá eso ni cuánto tiempo tardará en llegar. Nada en tu preparación ni en tus antecedentes te ayudará a resolverlo; simplemente ocurre en el tiempo de Dios y a la manera de él. Sin embargo, siempre es algo maravilloso que contemplar y en lo cual participar. El tiempo de Dios es perfecto.

Por ejemplo, mencionaré el caso de un hombre que fue salvo en prisión y comenzó a escuchar mis enseñanzas mientras cumplía su sentencia. (Eso fue un poco más tarde en mi ministerio). Ese hombre empezó a confesar la Palabra de Dios sobre su vida, su familia y sus finanzas, como suelo exhortar a la gente a hacer con mucha frecuencia. Solo tenía tercer grado de instrucción primaria, pero obtuvo su doctorado en la revelación de la realeza. Una y otra vez escuchaba mis enseñanzas, pero además hacía lo que yo le decía que hiciera, y así fue como creció a la imagen divina de sí mismo como hijo de la realeza.

Después de cumplir su condena, ese hombre fue puesto en libertad y obtuvo un trabajo en el que ganaba $4.50 por hora, cortando césped. Luego consiguió otro trabajo ganando $12.00 por hora en una planta manufacturera. Continuó decretando su éxito y, al fin, apareció un día en nuestra iglesia para contar su testimonio.

"Después de escuchar la enseñanza del pastor Winston, quiero que sepan que tengo un automóvil Mercedes Benz nuevo, un vehículo utilitario y estoy a punto de comprar un Rolls-Royce", indicó. "Tengo una casa de siete habitaciones y cuatro jacujees".

Ni siquiera podía pronunciar la palabra *jacuzzi*, pero tenía cuatro. Imagina la transformación que ocurrió en la vida de aquel hombre. Pasó de ser un delincuente y desertor de la escuela primaria a caminar en su identidad bastante próspera en la casa de Dios. ¡Qué clase de historia!

Si eso no te anima a quitarle los límites a Dios, tal vez nada lo haga. La revelación de la realeza nos lanza a un nuevo reino de posibilidades y un entorno de riquezas. Dios planea llevarte a un lugar grandioso. Es probable que sea por un problema que no puedes resolver o por un estilo de vida que —en estos momentos— no puedas pagar. Él es Dios Todopoderoso. Su poder y tu fe combinados pueden abrir todas las puertas y cumplir cada tarea gloriosa que tiene para ti.

Pero tiene que ser en los términos de él, no a través del trabajo terrenal sino por revelación celestial.

CÓMO PRODUCIMOS:
EL PRINCIPIO DE LA SEMILLA

Regresamos a Chicago sin avisar a nuestros amigos y parientes, ni con mucha fanfarria. Llegamos con doscientos dólares en los bolsillos y la única puerta abierta fue la de la casa de la hermana Beverly. El lugar donde comenzamos nuestro ministerio (en el West Side de Chicago, una parte económicamente afligida de la ciudad) era tan poco impresionante e imperceptible (pero llena de potencial) como lo eran unas semillitas en un paquete de semillas. Una semilla, en sí, no es llamativa. No tiene flores, excepto las invisibles que yacen en su interior. No tiene un follaje verde, excepto el que espera adentro por brotar y crecer. Carece de frutos y, realmente, no tiene nada que ver, excepto el potencial que contiene en su interior. De la misma manera, el destino de mi ministerio puede no haber sido evidente para los demás, pero la realeza que Dios me reveló me mostró lo que había dentro de mí. No solo contaba con la justicia, la paz y el gozo en el Espíritu Santo, sino que tenía una influencia esperando por estallar. Podía sentir aquello funcionando aun antes de que se manifestara. Era como ese sueño de Superman que tenía en mi niñez; todo estaba preparado y listo para salir de mí y hacer grandes cosas en el mundo. Nadie podía verlo excepto nosotros y un pequeño grupo de creyentes que me invitaron a hablarles.

Eso es lo que pasa con la semilla: puede que no parezca mucho, pero posee el poder de crecer por sí sola. Es autónoma, tiene vida propia y está diseñada para ser sembrada en los peores ambientes a fin de convertirlos en un jardín del Edén. Solo Dios puede comenzar con una semilla y terminar con un bosque. Esa es la naturaleza del reino, como dijo Jesús.

¿Con qué vamos a comparar el reino de Dios? ¿Qué parábola podemos usar para describirlo? Es como un grano de mostaza: cuando se siembra en la tierra, es la semilla más pequeña que hay, pero una vez sembrada crece hasta convertirse en la más grande de las hortalizas, y echa

ramas tan grandes que las aves pueden anidar
bajo su sombra.

—Marcos 4:30-32

Jesús afirmó que el reino de Dios no es como una semilla
cualquiera, sino como la del grano de mostaza. ¿Qué tiene de especial una semilla de mostaza? Que es una de las
semillas más pequeñas que se pueden plantar. Si la dejas
caer al suelo, va a serte difícil hallarla. Sin embargo, tiene un enorme potencial. Como "semillas", todos entramos
en el mundo pequeños y poco impresionantes. Difícilmente puedes identificar quién va a ser usado antes que Dios
comience a hacerlo crecer ante tus ojos. Pero una vez que
esas personas ocupan su lugar y su asignación en el reino
de Dios, aunque una vez hayan sido los más pequeños en
posición, influencia o tamaño, crecen y se convierten en
los más grandes entre todas las otras semillas (personas)
plantadas allí. He visto este trabajo muchas veces, y es
impresionante.

Jesús también comparó las palabras con las semillas. En
Chicago, Dios nos enseñó a sembrar la Palabra, según Marcos 4:14 —"El sembrador siembra la palabra"— y Lucas
8:11: "La semilla es la palabra de Dios". Él nos enseñó
cómo usar el Verbo de Dios para satisfacer nuestras necesidades. Nos enseñó que el ministerio requiere sembrar la
Palabra del reino y la semilla financiera, y dejar que Dios
dé el crecimiento. Nosotros vimos, realmente, que la semilla es la herramienta que Dios nos da para suplir cualquier
necesidad. Un hombre de Dios lo afirmó de esta manera:
"Siembra lo que se te ha dado para crear algo que se te ha
prometido". ¡Me gusta eso!

Comprende, la semilla puede ser muchas cosas: amor,
paciencia, tiempo, bondad, dinero o cualquier cosa que sea

de valor para el sembrador. Pedro sembró su barca y luego su vida (Lucas 5:3, 10-11). Un chico sembró su almuerzo de cinco panes y dos pececillos (Mateo 14:19), y Dios sembró a su Hijo unigénito: Jesús (Juan 3:16).

Cuando siembras una semilla en la fe, sea lo que sea, tu cosecha está garantizada (ver Gálatas 6:7). Aprendí esto directamente cuando era estudiante universitario, antes de ser salvo, al ir a trabajar —nada menos que— a una hacienda de tabaco.

ENTRENAMIENTO EN HAZARDVILLE

Se acercaba el verano y, como joven estudiante universitario, estaba ansioso por tener dinero para gastar en las cosas que deseaba. Había cortado césped por dinero antes, pero no había producido tantos ingresos como esperaba. Entonces vi un anuncio, en la universidad, acerca de una oportunidad en Connecticut que parecía ofrecer un buen trabajo. Otra ventaja era que me alejaba de Alabama durante el verano, cuando hace un calor infernal. Me sentía muy feliz por ir al norte durante esos meses sofocantes, así que solicité el trabajo de Connecticut y me aceptaron. El anuncio decía que era para "trabajar en una compañía tabacalera". Pronto descubriría lo que eso significaba.

Me enviaron un boleto de autobús y llegué desde Tuskegee. ¡Me pareció que viajé toda una semana! Llegué a la ciudad de Hazardville, donde estaba ubicada la empresa; el nombre debería haberme dado una buena advertencia de lo que estaba por venir [Hazardville quiere decir: Villa Peligro]. Me había imaginado trabajando en un entorno empresarial o corporativo, como lo implica la palabra "compañía". Pero cuando llegué al sitio, supe cuáles serían mis funciones: sembrar y recoger tabaco.

—¿Se refiere usted a trabajar en un campo? —le pregunté al representante de la empresa.

—Sí —me respondió.

—Pensé que era otra cosa —le dije.

—No —contestó el representante—. Eso es lo que usted vino a hacer aquí. Ah, y por cierto, no puede irse, porque nos debe el boleto del autobús.

¡Estaba atrapado! Entré en la habitación en la que dormiríamos otros recolectores de tabaco y yo. Tiré todas mis pertenencias y mis artículos personales en una de las literas. Me dirigí al baño y, cuando regresé, la mitad de mis cosas habían desaparecido. "Tienen que estar bromeando", dije en voz baja. "Este va a ser un verano largo".

Con la esperanza de salir de todo aquel asunto, llamé a mi papá ese día, pero él no se alteró.

"Ah, hijo, todo va a salir bien", me aconsejó. "Quédate ahí unos días más".

Creo que tampoco quiso decir nada por el boleto de autobús que yo necesitaría para ir de Hazardville a Alabama. Así que estaba enredado. Me gustara o no, sería un recolector de tabaco ese verano.

El día comenzaba a las 4:30 de la mañana. Cada uno de nosotros usábamos dos pares de pantalones y agarrábamos un trozo de cartón cuadrado para ponerlo en el suelo y sentarnos encima. Las hileras de tierra surcada se extendían tanto que no se podía ver dónde terminaban. Nuestro trabajo consistía en enterrar pequeñas plántulas de tabaco del tamaño de la mano de un hombre a lo largo de esas hileras interminables. A cada uno de nosotros se nos asignaba una fila; así que colocábamos el cartón en el suelo, nos dejábamos caer encima y comenzábamos a movernos y a plantar. Eso es lo que hacíamos todo el día: arrastrarnos y plantar, miles de veces, en aquella tierra desde el amanecer hasta el atardecer. Empecé a extrañar Alabama, ¡pese al calor que hiciera!

A mitad de la temporada de crecimiento colocaban enormes redes blancas que dejaban pasar la humedad y la luz del sol, pero evitaban que la luz directa llegase a las tiernas plantas. Nuestras tareas cambiaban a medida que el tabaco crecía, pero siempre implicaba estar afuera en la tierra durante largas horas. Me llevaba bien con mis compañeros de trabajo, ya no había más robos, al menos a mí, y pronto observé que la empresa mantenía un estándar de excelencia. Acudían periódicamente a inspeccionar nuestro trabajo, lo que me enseñó a madurar y me mantuvo en un buen desempeño. Es posible que papá tuviera cierta idea cuando me dijo: "Quédate ahí unos días más. Te acostumbrarás". Probablemente sabía que tenía lecciones que aprender.

No pasaron muchas semanas para que el tabaco brotara y estuviera listo para la cosecha. Justo ante mis ojos observé cómo se desarrollaba todo el ciclo de siembra y cosecha. Eso hizo mucho por mí ya que grabó una imagen muy vívida de la ley de la siembra y la cosecha (plantar, cuidar y cosechar) en mi mente. Nunca olvidé eso. Había visto ciclos de siembra anteriormente, cuando mi abuelo cultivaba maíz y frijoles en Georgia, pero no había trabajado en los campos con él. Ahora, el ejemplo estaba ante mis ojos.

Sin proponérmelo, me convertí en líder de los trabajadores, lo cual vieron nuestros patrones. Observaron el trabajo que yo hacía y el tipo de conversaciones que sostenía, que era diferente a los demás. Yo no me veía como ellos se veían a sí mismos. Me criaron en un entorno que me convenció de que era un rey, alguien capaz de supervisar, administrar y liderar. Cuando entras en otros entornos, esa identidad real sale a flote. Es una ley, no falla ni cambia. En esos campos de tabaco, llegué a la cima porque me vi, como ahora lo digo, en mi condición de realeza.

Así como el hijo pródigo fue instruido por su experiencia, aquellos campos de tabaco me enseñaron trabajo duro, perseverancia, cómo convivir con la gente y muchas otras lecciones valiosas. Pero más que nada, vi cómo avanzamos no por el trabajo sino por el carácter. Sí, hubo trabajo arduo todo el verano, pero todos trabajábamos fuerte; no avancé más que los demás trabajando más duro. Avancé por cómo me veía a mí mismo, lo que afectaba el nivel de mi desempeño y cómo me veían los demás. (Ver Números 13:33). Por eso, antes de dejar los campos de tabaco, el capataz me pidió que volviera el verano siguiente para que trabajara como su asistente. Le dije que apreciaba la oferta pero me iba a buscar otras oportunidades. ¡No quería pasar otro verano en aquellos campos!

El esfuerzo no había producido favor; el carácter fue lo que lo produjo. No me lo gané, lo recibí. Creo que el favor de Dios estaba obrando en mi vida antes que se la entregara a él. Es muy importante que entendamos que el trabajo arduo no hace que te promuevan. El trabajo duro, que es una labor recia con dolor y fatiga, está diseñado para desgastarnos. ¡Dios planeó que vivamos y trabajemos como él, por fe, con gozo! La promoción viene del Señor (Salmos 75:6-7), no de un trabajo doloroso y arduo. Este es un principio real que literalmente cambiará la forma en que abordes tus finanzas, tu carrera y mucho más. Permíteme que te explique un poco más.

NO MÁS ESFUERZO

El trabajo, dicho con mucha claridad, es una maldición. Jesús nos ha redimido de la maldición (Gálatas 3:13).

Nunca estuvo destinado que la casa de Dios viviera bajo la maldición del trabajo. Pero aunque hemos sido librados del trabajo, el mismo ha sido escrito en nuestra mente subconsciente a causa de la maldición. Lo sorprendente del caso es que muchos de los hijos de Dios piensan que si no es difícil, no es de Dios. ¡Error! Es por eso que debemos resistir la tentación de esforzarnos y, al contrario, comenzar a recibir de nuestro Proveedor. A eso lo llamo ¡"unción sin esfuerzo"!

¿Por qué sigue existiendo el trabajo? Porque aun cuando la humanidad se liberó de la maldición, el suelo no fue libre. La maldición sigue obrando en la tierra; esta aún tiene que ser redimida, aunque algún día lo será definitivamente. Como debes saberlo, no se necesita ningún esfuerzo para hacer crecer las malas hierbas en tu jardín. Eso se debe a que tu jardín todavía está funcionando bajo la declaración de Dios hecha en Génesis 3:17: "Al hombre [Adán] le dijo [Dios]: Por cuanto le hiciste caso a tu mujer, y comiste del árbol del que te prohibí comer, ¡maldita será la tierra por tu culpa!".

Pero aun cuando la tierra permanece maldita, tú y yo hemos sido liberados de la maldición. La Biblia dice: "El justo vivirá por su fe". (Ver Habacuc 2:4; Romanos 1:17; Gálatas 3:11; Hebreos 10:38). El reino de Dios marca el comienzo de un nuevo orden de vida por fe que nos protege de los efectos de la maldición y nos eleva a una revelación de la realeza una vez más. Operamos por los principios superiores del reino, los cuales dominan la maldición. Realmente solo hay dos opciones: operar bajo la maldición u operar por fe. Estas no se mezclan. Debemos elegir entre ellas.

En los evangelios hay una gran ilustración acerca de esto, cuando el discípulo Pedro estaba operando bajo una mentalidad maldita basada en el trabajo. La Biblia nos dice que Pedro, que era pescador, "había trabajado toda la noche" y no había pescado nada. Hoy la mayoría de los creyentes están operando en ese mismo sistema de trabajo arduo. Para la mayoría de la gente, el trabajo duro es el único sistema que tiene algún sentido lógico. Trabajas duro con el sudor de tu frente y te ganas la vida en circunstancias implacables. Pero Jesús estaba a punto de enseñarle a Pedro lo que era y es operar por la fe en lugar del trabajo duro.

Jesús le dijo a ese pescador experimentado que llevara "la barca hacia aguas más profundas" a plena luz del día, y que echara la red "para pescar" (Lucas 5:4). Debido a que Jesús era el que estaba ordenando eso, era literalmente una palabra de revelación divina. No podía fallar, solo podía "ganarse" a través de la obediencia. Quizá sepas lo que sucedió después: Pedro y sus compañeros capturaron tantos peces que la red se rompió y el bote comenzó a hundirse. La pesca milagrosa fue tan abundante que amenazó con hundir los barcos de sus socios.

Pedro estaba asombrado por la cantidad de peces que se salían de su red porque se suponía que eso no sucedería bajo un sistema basado en el trabajo duro. Como resultado, gritó: "¡Apártate de mí, Señor; soy un pecador!" (Lucas 5:8). Se podría decir que ese fue el momento culminante de Pedro, cuando dos sistemas, el reino y el mundo, la provisión y el trabajo, chocaron justo frente a él. Pedro no trabajó por esa captura; solo creyó. Una vez que obedeció el mandato de Jesús, la palabra del reino, aprovechó un suministro inagotable. La abundancia fue tan grande que lo asombró y lo llevó a un punto decisivo.

Se había lanzado basándose nada más que en una palabra de revelación (llamada *rhema*) y atrapó más peces de los que jamás había pescado. Permíteme repetir: Pedro no se esforzó ni luchó por ese gran botín. Todo lo que tuvo que hacer fue creer la palabra de Jesús, luego actuar de acuerdo con esa palabra. Eso fue todo. Recuerda, la palabra de Dios viene con su propio poder para cumplirse. Entonces Pedro se arrepintió de aquella mentalidad pecaminosa y laboriosa contraria al poder del reino. A partir de ese día, comenzó a aprender a recibir por revelación más que por esfuerzo. Fue un momento poderoso que le cambió la vida a él y seguramente a los otros discípulos que lo acompañaban.

El efecto de esta captura de peces del reino fue mucho más allá de esos pescadores. Al Pedro actuar de acuerdo a las palabras de Jesús, sus compañeros de pesca no solo capturaron suficientes peces para sus familias. Su botín fue tan grande que, en realidad, cambió toda la economía de esa ciudad costera de Capernaum. ¡Ah! Todo lo que hizo Jesús supero cualquier expectativa y sobrepasó la necesidad, pero nada de eso ocurrió por esfuerzo de alguien. Todo sucedió por revelación.

Como cuerpo de Cristo, necesitamos urgentemente que esa revelación penetre de manera profunda en nuestro espíritu para que podamos ver más demostraciones milagrosas en la iglesia. Una vez que comienzas a vivir según esta revelación, Dios puede fluir a través de ti, pero no puede hacerlo si no has renovado tu mente para pensar en el reino. El esfuerzo no te llevará a ninguna parte con Dios. Pero si meditas en su Palabra acerca de la provisión, se te abrirán puertas de abastecimiento abundante en medio de tu tarea, como se les abrieron a Pedro. La provisión vendrá a través de la revelación, no del trabajo, así como Dios hizo llover maná del cielo en el desierto para que todo lo que su pueblo tuviera que hacer fuera recogerlo (Éxodo 16).

Tu fe y tu obediencia generarán provisión a causa de la revelación y, como Pedro en la barca, tu trabajo será recoger la abrumadora provisión.

NO FUISTE DISEÑADO PARA SATISFACER TUS PROPIAS NECESIDADES

El título de esta sección puede sorprenderte, pero es absolutamente cierto. ¡No fuiste diseñado para mantenerte a ti mismo! Naciste para vivir en el Edén, donde todo te fue provisto. Romanos 14:17 describe el reino como "justicia, paz y gozo en el Espíritu Santo". No veo las palabras esforzarse ni sudar por ahí. Edén es un tipo de cielo en la tierra, un lugar no solo de lujo y opulencia sino también de paz inquebrantable y gozo sin fin. Lo que el mundo llama "trabajo" es el diseño del enemigo para esclavizarnos o hasta matarnos. Eso se debe a que tendemos a equiparar el trabajo con la fatiga y nuestra tarea con nuestra provisión. Esas cosas no están conectadas en la casa real de Dios. Dios le dijo a Adán: "He aquí que os he dado toda planta que da semilla, que está sobre toda la tierra, y todo árbol en que hay fruto y que da semilla; os serán para comer [o provisión]" (Génesis 1:29 RVR1960). En otras palabras, Dios dijo: "No tienes que luchar por nada. Aquí está. Ya te lo he proporcionado".

Solo después de que Adán pecó, él y Eva trataron de proveer para sí mismos. Lo sabemos porque cosían trajes de hojas de higuera para cubrirse (ver Génesis 3:7). Pero incluso después de su caída, la Biblia dice: "Dios el Señor hizo ropa de pieles [de animales] para el hombre y su mujer, y los vistió" (Génesis 3:21). Dios intervino a fin de proveer para ellos como una demostración de que la humanidad no estaba destinada a proveer para sí misma.

El sistema laboral del mundo dice que debes trabajar por todo lo que tienes. El sistema del reino dice que debes creer por todo lo que tienes. Por extraño que pueda parecerles a algunos, tu trabajo no tiene nada que ver con tu prosperidad. Dios suple tus necesidades independientemente de tu trabajo. Él nos asigna tareas para que liberemos nuestro potencial. No debemos depender de un trabajo para satisfacer nuestras necesidades. Dios quiere ser nuestra única fuente y suministro. Adán no se ganaba la vida antes de la caída; nosotros tampoco deberíamos hacerlo ahora que Jesús nos ha redimido de la maldición.

Déjame decirlo de otra manera. Por desdicha, la mayoría de los cristianos todavía tratan de hacer que las cosas funcionen sudando. Confunden las asignaciones (colaborar con Dios por la fe, empoderados por la gracia) con el trabajo duro. Definen el trabajo (que Dios diseñó para liberar nuestro potencial) como laborar ardua y dolorosamente para lograr lo que Dios nos da gratis. El diablo sabe que Dios quiere cuidar de ti, pero solo puede hacerlo cuando le crees y ejerces tu fe, como lo hizo Pedro. El objetivo del enemigo es mantenerte en su sistema y hacer que tengas miedo de dejarlo. Él intentará todos los trucos que pueda para mantenerte fuera de la fe y en trabajos forzados.

La revelación de la realeza nos muestra una forma de vida completamente nueva: un estilo de vida sin límites, uno en el que no hay imposibilidades financieras porque Dios puede resolver cualquier problema económico de la noche a la mañana. Esto se presenta en toda la Biblia. Cuando Dios le proporcionó a Abraham un carnero para sacrificarlo en lugar de Isaac, su hijo, la Escritura dice que: "A ese sitio Abraham le puso por nombre: 'El Señor provee'. Por eso hasta el día de hoy se dice: 'En un monte provee el Señor'" (Génesis 22:14). Abraham no proporcionó su propio carnero, Dios fue el que lo hizo. Abraham experimentó la *berakah*, o bendición del Señor, y gracias a ella, ya no tuvo que hacer que las cosas ocurrieran con esfuerzo. El favor divino, el éxito, las riquezas y el empoderamiento sobrenatural trabajaron a su favor porque Abraham se convenció por completo de que lo que Dios había prometido, también podía hacerlo (ver Romanos 4:21). De manera similar, los israelitas hicieron lo que Moisés instruyó, por lo que les pidieron a los egipcios artículos de plata, oro y ropa. El Señor había hecho que los egipcios mostraran su disposición a favor del pueblo de Israel, por lo que les dieron lo que pedían, con lo que saquearon a los egipcios (Éxodo 12:35-36). Ni siquiera la enfermedad podía tocar sus cuerpos porque "los sacó con plata y oro; y no hubo en sus tribus enfermo" (Salmos 105:37 RVR1960).

Por cuarenta años el Señor estuvo con Moisés y los hijos de Israel y, a ellos, "no les faltó nada" (Deuteronomio 2:7). Incluso sus ropas y sus zapatos nunca se gastaron, como dice: "Durante los cuarenta años que los guie a través del desierto, no se les desgastó la ropa ni el calzado" (Deuteronomio 29:5).

Dios proveyó todo lo que necesitaban para la travesía. También los protegió, peleó sus batallas e hizo que sus enemigos les temieran. ¿Cuánto más nos proveerá y nos protegerá Dios a ti y a mí?

¿Y qué pasó con la viuda y sus dos hijos en 2 Reyes 4, que clamó al profeta Eliseo? Sus hijos estaban a punto de serle arrebatados por la fuerza y puestos en cautiverio por los acreedores. A través de la sabiduría, el hombre de Dios la dirigió a una semilla que ya estaba en su casa (una vasija de aceite), que le suministró —sobrenaturalmente— una cosecha suficiente para que ella pagara su deuda y viviera del resto, sin fatiga.

Dios ya ha provisto todo lo que tú y yo necesitaremos —de acuerdo a la vida y la piedad que nos han sido dadas— hasta que venga Jesús (ver 2 Pedro 1:3). Dios ha hecho todo lo que va a hacer con respecto a nuestra salvación, nuestras finanzas, nuestra sanidad, nuestros negocios, nuestras familias, etc. Nuestra parte es creer y recibir su provisión.

LA HISTORIA DE MISS LOVE

Cuando Verónica y yo nos mudamos a Tulsa, Oklahoma, donde asistí al seminario, estaba cerca la Navidad. Aunque aún no conocíamos la ciudad, decidimos sembrar algunos víveres a una familia necesitada. Después de ir de compras, cargamos el auto con bolsas de comida y partimos, bajo la guía del Espíritu Santo, hacia un proyecto de vivienda del gobierno con el objeto de encontrar a alguien a quien bendecir.

Después de algunas paradas, finalmente nos dirigieron a Miss Love, que vivía en un pequeño apartamento en el segundo piso. Su hija estaba drogada y ella estaba cuidando a sus nietos pequeños. Acababa de quedarse sin comida y, según recuerdo, lo único que quedaba en su refrigerador era una jarra de agua.

Cuando llamé a su puerta y le dije que era ministro y que tenía algunos alimentos para ella, la abrió de golpe y les gritó a sus nietos: "Miren, chicos, les dije que Dios nos iba a traer algo de comer". ¡Y lo hizo!

Miss Love no tenía dinero que dar, pero sembró la semilla de la fe y recogió una cosecha en su tiempo de necesidad.

Dios proveyó para ella sin que tuviera que trabajar. Ella se posicionó en fe para recibir sobrenaturalmente.

En la economía de su reino, Dios nos enseña a no preocuparnos por nuestra vida, lo que vamos a comer o beber. Todas esas cosas las buscan los gentiles (Mateo 6:31-32). "Más bien, busquen primeramente el reino de Dios y su justicia, y todas estas cosas les serán añadidas" (v. 33). Tú y yo estamos aquí no solo para hacer cumplir un gobierno real, sino también para establecer esta economía monárquica. El plan de Dios desde el principio ha sido que nos convirtamos en una generación de líderes que gobiernen por revelación del reino de Dios. No hay escasez ni carencia financiera en el reino de Dios. La ley de la siembra y la cosecha, de recibir en lugar de trabajar, funciona para cualquiera que tenga fe. Este reino real es independiente y superior al sistema de este mundo.

Si el diablo puede hacer que sigas creyendo en el trabajo, seguirás siendo esclavo de su sistema. En el momento en que cambies de sistema a la economía de Dios, Satanás ya no podrá mantenerte deprimido. No estás bajo sus pies, el diablo está debajo de los tuyos (ver Romanos 16:20).

La vida en modo supervivencia

A diferencia de Miss Love, muchos cristianos actúan como sobrevivientes; incluso después de haber sido rescatados. Es decir, viven cada día simplemente tratando de sobrevivir en vez de prosperar asiéndose a las promesas de Dios, por las que Jesús murió con el fin de dárnoslas. Adán se convirtió en sobreviviente en la tierra después de pecar. Ahora estaba fuera de la comunión con Dios, su proveedor. Habiendo perdido su provisión, Adán se vio obligado a arañar, luchar y sudar por todo lo que obtuvo.

Incluso peor que eso, fue expulsado del jardín y perdió su comisión.

Sé lo que se siente estar en modo supervivencia, porque tuve que asistir a la escuela de supervivencia mientras servía en el ejército. Durante ese entrenamiento, me llevaron al bosque con algunos compañeros, mientras que otros estaban vestidos como enemigos. Ese ejercicio lo hacíamos por la noche, y los que vestían ropa enemiga nos perseguían a los demás y nos disparaban con armas cargadas con balas de fogueo. También nos enseñaron qué comer y qué no comer puesto que algunas plantas del bosque son venenosas y pueden matarte si las ingieres. Esa era una forma agitada de vivir, tener que satisfacer tus propias necesidades todo el tiempo y ser perseguido por enemigos ficticios.

Por desdicha, la mayoría de las personas en la actualidad viven en algún nivel de modo supervivencia porque están enganchados al trabajo duro y solo intentan mantenerse con vida. Tener una mentalidad de provisión significa dejar nuestras tareas reales en el camino. Priorizamos los cheques de pago antes que el poder, los beneficios de jubilación antes que la bendición de Dios. Cuando el dinero ocupa tu mente, los dones que Dios puso dentro de ti no se desarrollan. No valoras esa parte de tu vida. Estás pensando solo en el dinero. En vez de enfocarte en tus dones, te enfocas en laborar en un trabajo que satisfaga tus necesidades.

Eso crea resultados trágicos. Cuando se presenta una comisión divina, los sobrevivientes dicen: "Ah, me encantaría hacer eso, pero tengo que conseguir un trabajo para ganar algo de dinero". O pueden decir: "Ese trabajo con esa compañía no paga lo suficiente, así que me quedaré donde estoy", aunque Dios les haya asignado un nuevo lugar. Si no estamos preparados para escuchar y recibir sin el estrés de sobrevivir, es posible que no percibamos que el trabajo peor pagado es el lugar de nuestra próxima asignación, el lugar donde Dios estratégicamente quiere ubicarnos. Dios puede estar usando esa asignación para desarrollar tu don o para alcanzar a alguien a través de ti. Tal vez el director ejecutivo u otro empleado esté listo para escuchar el evangelio. Trabajar duro por la provisión nos mantiene atados al sistema de Satanás y nos ciega a lo que Dios quiere hacer a través de nuestras vidas.

La gente a menudo acude a la iglesia porque está buscando una solución a un problema de "provisión". Cuando llegan allí, descubren que los que se encuentran ahí están luchando tanto como ellos, por lo que se van sin que se resuelva el problema. Muchas iglesias son grandes grupos de personas que sobreviven y trabajan duro en vez de caminar en la bendición de la provisión real.

Insisto, no fuimos creados para conectar nuestros trabajos o nuestras largas horas de trabajo con la forma en que Dios desea proveernos. Eso es una distorsión, y esa imagen distorsionada ha sido colocada en nosotros por el enemigo. Jesús vino a destruir esa imagen y a conectarnos con la economía del cielo.

UNA MENTALIDAD MIGRATORIA

La mentalidad de provisión también te hace migrar. Siempre sientes la necesidad de ir a otro lugar para satisfacer tus necesidades o para obtener más. Los profesionales actúan de esta manera tanto como cualquier otra persona. "Ese trabajo paga más. Tengo que mudarme a esa ciudad". Es una mentalidad de pobreza disfrazada de exitosa. Si no tienes suficiente financieramente, el mundo te dice que consigas dos o tres trabajos. Esa es la llamada cautivadora de tu amo esclavizante, que quiere controlarte y robarte la vida haciendo que trabajar duro para obtener provisiones te parezca la única opción honorable. Pero Dios dice que tu don te hará espacio y te llevará ante grandes hombres. ¡No tienes que esforzarte para lograr la voluntad de él!

Pasé por una fase migratoria de trabajo arduo al principio de mi carrera en IBM. Cuando llegué a esa empresa, las ventas habían bajado en toda la industria y no sabía cómo vender computadoras. Todavía estaba aprendiendo, así que "solo para estar seguro" conseguí un segundo empleo trabajando fuera de horario en una tienda de muebles localizada en otra parte de la ciudad. Terminaba en IBM a las 5 en punto, luego corría hacia el sur de la ciudad para trabajar en la tienda de muebles.

Mi mente estaba en modo supervivencia total. Siempre quise tener un plan de respaldo, pero estaba administrando mi mente y mi cuerpo en forma irregular. Eso es lo que hace el trabajo arduo: te desgasta y te causa fatiga mental, haciéndote menos productivo y creativo. Los domingos estaba agotado.

Entonces, un día en IBM, una secretaria dijo con cierta ingenuidad: "Creo que si quieres, puedes trabajar en este empleo y puedes ser todo lo que desees". Se refería a mi horario de los dos trabajos y al daño que me estaba haciendo. Esa fue una idea clave; de modo que cuando hizo ese comentario, el cerebro me hizo clic. Estaba desperdiciando energía al canalizarla en dos direcciones, en vez de enfocarla poderosamente en una sola dirección. Estaba cubriendo mis cálculos y debilitando mis resultados.

Seguí ese consejo, dejé la tienda de muebles y rápidamente me convertí en un vendedor líder en IBM. Incluso entonces tuve que mantenerme firme y no ponerme a trabajar en exceso, porque si la mente subconsciente no se transforma, encontrará la manera de trabajar aunque hayamos sido redimidos de ella. Este es un punto significativo. Tu mente subconsciente te mantendrá en línea con lo que realmente crees. Si en verdad crees en el valor del trabajo arduo, tu mente te guiará en esa dirección. Si crees que tienes que trabajar más duro para comprar una casa mejor o enviar a tus hijos a una escuela mejor, todavía estás funcionando con una mentalidad de trabajo duro. Eso necesita romperse continuamente hasta que recibir se convierta en tu método normal de provisión.

El hecho de recordar cómo opera la salvación puede serte muy útil. Somos salvos por gracia a través de la fe, y esto no de nosotros mismos; es don de Dios, no por obras (Efesios 2:8-9). No tienes que trabajar para obtener la salvación. La salvación ya te fue dada. Es un regalo. Ahora bien, si la salvación es un obsequio gratuito, ¿por qué el resto del estilo de vida del reino operaría de otra manera?

En Génesis 12:2-3, Dios le dijo a Abram (antes de que le cambiara el nombre por Abraham): "Haré de ti una nación grande, y te bendeciré; haré famoso tu nombre, y serás una bendición. Bendeciré a los que te bendigan y maldeciré a los que te maldigan; ¡por medio de ti serán bendecidas todas las familias de la tierra!". Él no dijo: "Trabaja bastante y lo suficiente, y te bendeciré; cuanto más te esfuerces, más bendecido serás". No, ¡de ninguna manera! Ni lo dijo ni pensó decirlo.

¿Recuerdas cuando Jesús declaró: "Dichosos ustedes los pobres, porque el reino de Dios les pertenece" (Lucas 6:20)? Lo que él estaba diciendo era que al recibir ese reino nuevo, eres bendecido porque ahora puedes vivir y operar a través de la nueva economía del gobierno de Dios, que te da acceso a la provisión celestial ilimitada. La tradición religiosa enseña que lo que Jesús estaba diciendo era que los pobres son bendecidos porque son los favoritos de Dios y que obtendrán sus bendiciones en cualquier momento —en el futuro— cuando mueran y vayan al cielo. ¡No! Eso no fue así. Lo que Jesús estaba enseñando era que la pobreza está bajo maldición y que, ahora que el reino ha llegado, nunca más en tu vida tendrás que estar en bancarrota. Es por eso que Jesús les indicó a los discípulos que le dijeran a Juan el Bautista: "A los pobres se les anuncian las buenas nuevas" (Mateo 11:5). ¡La buena nueva es que ya no necesitas ser pobre!

EMPODERADO PARA PROSPERAR

Los sobrevivientes actuamos como si Dios nos dejara caer en esta tierra sin ninguna ayuda o asistencia celestial, lo cual es totalmente contrario al evangelio. Cuando Jesús estaba a punto de dejar esta tierra y regresar al Padre, les dijo a sus discípulos (y, por supuesto, a nosotros también): "Y yo le pediré al Padre, y él les dará otro Consolador para que los acompañe siempre ... No los voy a dejar huérfanos" (Juan 14:16, 18). Jesús estaba hablando del Espíritu Santo, a quien Dios envió el día de Pentecostés. "De repente, vino del cielo un ruido como el de una violenta ráfaga de viento y llenó toda la casa donde estaban reunidos. Se les aparecieron entonces unas lenguas como de fuego que se repartieron y se posaron sobre cada uno de ellos. Todos fueron llenos del Espíritu Santo" (Hechos 2:2-4).

El Espíritu Santo trae el poder de Dios a nuestra vida: "Pero, cuando venga el Espíritu Santo sobre ustedes, recibirán poder" (Hechos 1:8), para manifestar lo que Dios quiere que se haga en la tierra. ¿Qué clase de Consolador sería el Espíritu Santo si no nos proveyera el poder? La revelación de la realeza es un gran consuelo para el pueblo de Dios. Nuestro Rey provee para nosotros. Ya no tienes que esforzarte ni luchar para ganarte la vida. Servimos a un Dios bueno. Como cristianos, somos más que simples seguidores de Cristo. Somos miembros de la casa real, hijos e hijas de Dios, aquellos a los que "Dios se propuso dar a conocer cuál es la gloriosa riqueza de este misterio entre las naciones, que es Cristo en ustedes, la esperanza de gloria" (Colosenses 1:27).

SIN RIQUEZA, SU REALEZA ES CUESTIONABLE

Este capítulo no estaría completo sin hablar de las riquezas que Dios tiene para el cuerpo de Cristo. El sistema babilónico (que es el mismo de hoy en todo el mundo) ha tratado de empobrecer a la iglesia y despojarla de su identidad. Pero Dios planea que ella sea la institución más poderosa y rica del planeta. Él sabe que cuando las personas sean testigos de la riqueza del cielo manifestada a través de su pueblo, "todas las naciones de la tierra te respetarán al reconocerte como el pueblo del Señor" (Deuteronomio 28:10).

Cierto hombre de Dios dijo que sin riqueza, tu realeza como hijo de Dios es cuestionable. Esta declaración podría ofender a algunos, pero los hijos de Dios nacieron en una familia real, por lo que la riqueza del Padre se extiende a los hijos del Padre. Muchos cristianos han sido desanimados en cuanto a usar su fe para prosperar, pero las Escrituras son claras en lo referente a que Dios no solo está de acuerdo con que prosperemos, sino que también nos ha de ayudar en el proceso. Nunca he visto un rey pobre. ¿Lo has visto tú? Parte de la gloria de un rey es la riqueza de su imperio. También es parte de la gloria de Dios.

Así es como respondió la reina de Sabá cuando vio la corte real del soberano Salomón:

La reina de Sabá se quedó atónita al ver la sabiduría de Salomón y el palacio que él había construido, los manjares de su mesa, los asientos que ocupaban sus funcionarios, el servicio y la ropa de los camareros, las bebidas, y los holocaustos que ofrecía en el templo del Señor. Entonces le dijo al rey: "¡Todo lo que escuché en mi país acerca de tus triunfos y de tu sabiduría es cierto! No podía creer nada de eso hasta que vine y lo vi con mis propios ojos. Pero, en realidad, ¡no me habían contado ni siquiera la mitad! Tanto en sabiduría como en riqueza, superas todo lo que había oído decir".

—1 Reyes 10:4-7

La riqueza es parte de tu identidad real, por lo que debes ser audaz y valiente para creerle a Dios.

CAPÍTULO 9

DE LA INFORMACIÓN
A LA REVELACIÓN

L O QUE RECIBIMOS de Dios no es por información sino por revelación. En realidad, son dos cosas muy diferentes.

Un gran ejemplo histórico es el famoso científico agrario afroamericano George Washington Carver. Carver llamó a su laboratorio "El pequeño taller de Dios". Allí descubrió más de trescientos usos para el maní, incluidos polvos faciales, café instantáneo y pinturas. El método de Carver era el siguiente: cerraría la puerta y escucharía a Dios. No traería libros a su laboratorio. Dios le dio ideas ingeniosas que revelaron los secretos de esa humilde planta. Carver dijo: "El Gran Creador me enseñó a desarmar el maní y volver a armarlo".[1] La capacidad de Carver para escuchar a Dios y seguir sus instrucciones, con respecto a la agricultura, ayudó a cambiar la economía del sur de Estados Unidos a principios del siglo veinte.

No hay prueba y error en el reino. ¡La revelación siempre está en lo cierto!

REVELACIÓN POR DISEÑO

El doctor Carver estaba operando en conformidad al diseño original de la humanidad. Este también es tu diseño, está a tu disposición ahora mismo. Al igual que Adán antes de pecar, tienes una línea directa de comunicación con Dios a través de tu espíritu. El deseo de Dios es darte revelación o conocimiento de la gracia constantemente mientras andes por la vida. Este es el conocimiento que viene por la fe a través del Espíritu Santo. No se aprende; se discierne.

Así fue como Adán pudo dar nombre a todos los animales. Estaba conectado con Dios, caminando en fe y en comunión con él. Percibió lo que Dios pensaba y lo que a él le gustaba. Cuando llegó el momento de que Adán nombrara a los animales, descargó los nombres de Dios, o mejor dicho, los supo sin esfuerzo, porque Adán y Dios no eran dos; ellos eran uno. Jesús dijo: "El Padre y yo somos uno" (Juan 10:30). Pablo escribió que tú y yo ahora somos un espíritu con él, habiendo sido redimidos de la maldición (1 Corintios 6:17; Gálatas 3:13). El plan original vuelve a estar en funcionamiento.

Una vez que Adán pecó, esa conexión instantánea y perfecta se rompió. Adán pasó de la revelación a la información, actuando en base a lo que podía recibir a través de sus cinco sentidos. Sin embargo, esa no era su cultura original ni la nuestra. Edén es nuestra cultura original. Dios no quería que su familia fuera un grupo de intelectuales que actuaran basados en información natural. Quería un pueblo dependiente de la "educación superior" del reino de Dios para suplir todas sus necesidades. Observa que no había escuelas en el Jardín del Edén, ni sistemas educativos, ni libros.

Luchar y esforzarse por obtener respuestas es la cultura imperante en la humanidad caída.

Adán fue enseñado a través de la unción y funcionó por revelación. Él no tuvo que ganarse ni obtener la revelación de ese reino superior, como nosotros tampoco. Simplemente se da y se recibe. No tenemos que arañar ni hurgar por ella; Dios la proporciona gratuitamente.

PERSONAS QUE OPERABAN POR REVELACIÓN

La historia y la Biblia brindan muchos otros ejemplos de hombres y mujeres que actuaron por revelación más que por información. Recuerdo al renombrado cirujano Dr. Ben Carson contando cómo, durante una operación particularmente desafiante, el tronco encefálico del paciente sangraba tan profusamente que él no sabía qué hacer. Así que ahí mismo, frente al paciente en plena cirugía, oró lo siguiente: "Señor, esto depende de ti. Tienes que hacer algo aquí... [Este paciente] morirá a menos que me muestres qué hacer". En cuestión de segundos, aseguró Carson, "una especie de conocimiento intuitivo" llenó su mente y supo exactamente qué hacer.[2] Carson caminaba en la revelación de Dios.

La revelación convirtió a otro hombre, Gedeón, en el líder de un ejército exitoso. Antes de que llegara esa revelación, Gedeón era el menor de su casa y pertenecía a la familia más insignificante de su tribu. Nunca había sido entrenado para dirigir un ejército. (Ver Jueces 6). La revelación promueve y hace avanzar a las personas que carecen de lo que el mundo considera información necesaria. La revelación pone de manifiesto el método superior de liderazgo de Dios: "Dios escogió lo insensato del mundo para avergonzar a los sabios, y escogió lo débil del mundo para avergonzar a los poderosos" (1 Corintios 1:27).

De la misma manera, el Espíritu Santo dirigió la obra misionera del apóstol Pablo a través de la revelación. Pablo y sus compañeros "atravesaron la región de Frigia y Galacia, ya que el Espíritu Santo les había impedido que predicaran la palabra en la provincia de Asia. Cuando llegaron cerca de Misia, intentaron pasar a Bitinia, pero el Espíritu de Jesús no se lo permitió" (Hechos 16:6-7). Esa es una imagen de Dios reemplazando la información lógica y dando instrucciones por revelación.

Por supuesto, nuestro ejemplo perfecto es Jesús, que afirmo: "Ciertamente les aseguro que el Hijo no puede hacer nada por su propia cuenta, sino solamente lo que ve que su Padre hace, porque cualquier cosa que hace el Padre, la hace también el Hijo" (Juan 5:19). Esta es una exposición de revelación, no una charla de información. Jesús caminó en perfecta obediencia a la revelación, cosa que lo equipó para iniciar un ministerio que nunca se había visto en el mundo.

En Génesis, la sabiduría que Dios le dio a José y su habilidad para interpretar sueños lo llevaron de la celda de una prisión al palacio del rey; además de que lo hicieron famoso y distinguido. Ninguna cantidad de información podría haber hecho eso; todo fue por revelación. Años más tarde, en un imperio mundial diferente, Daniel ascendió de manera similar a un poder casi sin precedentes simplemente contando las revelaciones que Dios le dio.

Dios desea hacer lo mismo por ti. Así como José y Daniel fueron plantados en imperios impíos, los miembros del cuerpo de Cristo están plantados en este mundo oscuro para traer esperanza y brindar soluciones en tiempos difíciles. "Ustedes son la luz del mundo" (Mateo 5:14). El plan de Dios para nosotros, los hijos de la realeza divina, es que creemos una plataforma de tal credibilidad que el mundo pregunte acerca de nuestra familia y nuestro Padre. Ni Faraón ni Nabucodonosor indagaron sobre el único Dios verdadero hasta que José y Daniel, respectivamente,

resolvieron sus problemas personales y nacionales mediante la revelación divina.

Así como el Jardín del Edén suministró todo para Adán,
el gobierno de Dios suplirá todo, incluida la revelación,
que tú necesitas para prosperar en tu misión.

ACCIONES IRRAZONABLES

Algunos expertos estiman que el conocimiento y la tec-
nología se duplican cada doce o trece meses.[3] Esa es una
realidad impresionante pero, en términos prácticos ¿cómo
podría alguien mantenerse al día con toda esa información?
No puedes leer suficientes libros, además no tienes tantas
horas. La información es abundante, pero la revelación no
tiene precio. La revelación va mucho más allá de la información. Se basa en principios, no en datos. La revelación
funciona a un nivel completamente diferente y superior. Viene de arriba. Una vida gobernada por la revelación puede
responder con eficacia a cualquier circunstancia y desafío,
mientras la que es gobernada por la información está drásti-
camente limitada. En última instancia, no necesitamos más
datos; necesitamos escuchar de Dios en cuanto a qué hacer.
Incluso Albert Einstein dijo: "Los problemas importantes
que enfrentamos no pueden resolverse al mismo nivel de
pensamiento en el que estábamos cuando los creamos".[4]

Todo lo que Dios hace es irrazonable, de acuerdo a
nuestros estándares terrenales. Trasciende la lógica, por lo
tanto parece una tontería. Dios tiene su propio estándar
en cuanto a lo que es razonable, y se basa en esquemas
eternos y sobrenaturales, no en lo que la mente mundana del hombre puede comprender. La sabiduría de Satanás
se basa en información, terrenal y aparentemente lógica.
La sabiduría de Dios es sobrenatural, eterna e indetenible.

Casi nunca se ve bien al principio, pero siempre da buenos resultados. Jesús dijo: "La sabiduría es justificada por sus hijos" (Mateo 11:19 RVR1960).

Por otra parte, siempre servirás al que te provee. Si la información, el trabajo y la lucha son tus proveedores, entonces eres su esclavo. Pero si la revelación de Dios es la que te provee, entonces eres su hijo o hija. La gente en la tierra debe elegir ser abastecida por uno u otro reino. Los sabios y piadosos aprenderán a obtener sus provisiones desde fuera del sistema de este mundo a través de la revelación. Jesús dijo lo siguiente acerca del dinero:

> El ojo es la lámpara del cuerpo. Por tanto, si tu visión es clara, todo tu ser disfrutará de la luz. Pero, si tu visión está nublada, todo tu ser estará en oscuridad. Si la luz que hay en ti es oscuridad, ¡qué densa será esa oscuridad! Nadie puede servir a dos señores, pues menospreciará a uno y amará al otro, o querrá mucho a uno y despreciará al otro. No se puede servir a la vez a Dios y a las riquezas.
>
> —MATEO 6:22-24

ESTÁS FACULTADO PARA TRIUNFAR

Como creyente, Dios ya te ha provisto de todo lo que necesitarás para ser eficaz y productivo. Tu parte es operar coherentemente, no por medio del estrés ni del trabajo, sino a través de la revelación, conectándote con Dios, mirándolo, hablando con él y buscando su perspectiva. La guía y la revelación divinas garantizarán la excelencia y las decisiones correctas en todos tus desafíos y actividades terrenales. Una vez que operes de esta manera, tu vida se volverá claramente distinta de lo que era antes y diferente de las de aquellos que te rodean y que funcionan solo por información. La revelación te eleva dramáticamente y te promueve para que alcances la cima, sin importar tu color ni tu nacionalidad, tu industria ni tu campo de actividad. No importa en qué grupo socioeconómico naciste o si conoces a tus padres biológicos. Cuando la revelación llegue a tu vida, tu estado comenzará a cambiar de manera instantánea. ¡Así que prepárate! Es tu hora de llegar a la cima: "El Señor te pondrá a la cabeza, nunca en la cola. Siempre estarás en la cima, nunca en el fondo" (Deuteronomio 28:13).

Cuanto más ascendemos en rango o responsabilidad, más crucial se hace que nosotros, los hijos de Dios, escuchemos y sigamos la dirección de él. Muchas veces hay que pagar un precio alto para tomar decisiones correctas o hacer lo apropiado a los ojos de Dios. Pero la vindicación divina es segura y sus recompensas son grandes. Él promete que todo aquel que siga sus mandamientos "no será jamás defraudado" (Romanos 10:11). La versión bíblica Nueva Traducción Viviente dice lo mismo con las siguientes palabras: "Todo el que confíe en él jamás será avergonzado".

El enemigo trafica con conocimiento oscuro o, lo que es lo mismo, sabiduría mundana e información natural. De esa manera trata de mantener a la gente enfocada en lo terrenal, funcionando en el ámbito natural sin ayuda celestial. Todo conocimiento que se aleja de Dios es tenebroso, aunque venga con un doctorado como baluarte.

Un ejemplo típico de las Escrituras es el del joven rico que le preguntó a Jesús cómo recibir la vida eterna (Mateo 19:16-22). El tipo había escuchado a Jesús predicar al respecto, pero esta vida eterna de la que el Maestro hablaba iba en contra de toda lógica terrenal. Jesús recibió una revelación de que ese hombre necesitaba renunciar a sus posesiones mundanas para poder comenzar a operar por revelación. El joven ciertamente tenía una buena educación, la que probablemente fuera el equivalente a un director ejecutivo con una maestría en administración de empresas. Pero estaba funcionando en la esfera terrenal, caracterizada por una visión opaca, una provisión escasa y un trabajo limitado. De hecho, tenía una mentalidad de sobreviviente, aunque era muy rico. No podía entender un método de provisión que venía de arriba. Aquí hay algo que debemos recordar: la revelación o el conocimiento de la gracia permite que veas el espectro completo de la realidad, no solo lo que es visible sino también lo que es invisible.

LOS HIJOS DE LOS REYES NO MENDIGAN

Dentro del cuerpo de Cristo también puede desarrollarse una cultura del trabajo arduo. Incluso he oído a la gente decir que tienes que luchar por la revelación. Es difícil recibir revelación de Dios con la imagen equivocada.

Para explicarlo, permíteme que te cuente una experiencia que tuve hace muchos años cuando recién me iniciaba en el ministerio. Vivíamos en Minnesota y un sábado por la noche, alrededor de la medianoche, estaba tratando de desarrollar un mensaje para predicar el domingo por la mañana. Así que grité: "Dios, necesito un mensaje. La gente tiene que tener una palabra". Parecía estar orando pero, en realidad, estaba llorando, berreando y rogando. "Dios, no tengo un mensaje para mañana. ¡Por favor, Dios amado, ayúdame!". Y así seguí.

Después de un rato, una voz me dijo al corazón:

—¿Qué estás haciendo?

¡Eso me tomó por sorpresa! ¿No era obvio lo que estaba haciendo?

—Tratando de recibir un mensaje —respondí, muy razonablemente.

—¿Es así como vienes ante mí? —preguntó.

—No —dije medio adivinando.

—¿Cómo vienes ante mí? —preguntó.

—La Escritura dice que nos presentemos confiadamente ante el trono de la gracia —alegué.

Su mensaje para mí fue claro: ¡Enderézate y deja de mendigar! Tan pronto como me acerqué a él de la manera bíblica, el sermón comenzó a fluir de Dios a mi espíritu. Casi no podía escribirlo lo suficientemente rápido. Rogar y tratar de hacerlo no había logrado nada, mientras que la fe y la audacia lo lograron todo.

Aprendí varias lecciones esa noche. Primero, como dije, es difícil recibir de Dios cuando tienes la imagen errada. Segundo, Dios tiene un protocolo real en cuanto a la manera en que nosotros, como sus hijos —pertenecientes a la realeza— debemos acercarnos a él. Y tercero, a menudo no tenemos porque pedimos mal o no lo hacemos en consonancia con el reino.

A nuestro Padre no le gusta que sus hijos acudan a él mendigando y llorando. Su misericordia puede cubrir eso; sin embargo, él sabe que debes estar listo para madurar. No somos mendigos, ¡somos hijos! Dios no responde a la mendicidad; responde a la fe. Este principio ha inundado mi ministerio con revelación y me ha impedido acercarme a Dios de manera errónea en muchas ocasiones. Así como creí para que me diera un sermón aquella noche, tengo que creer por todo lo que me provee. Tengo que creer para que me sane. Tengo que creer para que me dé el dinero para gestionar nuestras instalaciones y el personal. Tengo que creer para que me dé mi ropa, un aumento, una promoción, todo.

Créeme, esa mentalidad mendicante es un espíritu que siempre está listo para volver a atraerte. Después de todo, la mendicidad es lógica para la mente natural. Pero si dejas que ese espíritu se apodere de ti, siempre estarás mendigando. Eso no es lo que Dios quiere para ti. Él quiere que satisfagas tus necesidades desde adentro, por fe y revelación. Eso es lo que le agrada.

Es más, la mendicidad no solo no funciona; además, establece un triste ejemplo para el reino. Hace que la gente piense que nuestro reino está roto, que nuestro Padre es débil y que nuestro llamado es incierto. El reino no está roto, nuestro Padre no es débil y nuestro llamado no es incierto. Cuando representamos al reino, a nuestro Padre y a nuestro llamado como ineficaces —lo que hacemos cada vez que rogamos—, menospreciamos nuestra realeza y difamamos el carácter de nuestro Soberano. Sin embargo, debemos levantarnos en justicia, expresando las revelaciones de Dios sobre nuestras situaciones. Eso es lo que hizo David cuando se enfrentó a Goliat. Llegó al frente y encontró a todos los soldados israelitas escondiéndose de aquel gigante y hablando desde una perspectiva temerosa. La victoria pertenecía al que había recibido revelación del cielo sobre el destino del enemigo. David operó por revelación, no mendigando ni suplicando.

La revelación nos da audacia. Tenemos que vernos como Dios nos ve. Dios no nos ve como mendigos arruinados. Él nos ve como realeza, hijos del Altísimo, dueños de toda la tierra (Salmos 82:6). La Palabra de Dios afirma que los justos son tan audaces como el león. Dios suplirá tus necesidades al igual que suplirá las mías siempre.

La mendicidad también nos lleva a una mentalidad cómoda. Los mendigos siempre quieren una limosna, algo a cambio de nada, alguien que se ocupe de sus necesidades.

Viajo a diferentes países predicando sobre esta revelación de la realeza y, por alguna razón, muchas de las personas en esos lugares están arraigadas a una mentalidad de comodidad, siempre en busca de una limosna. Parecen pensar que el Dios de un país desarrollado no es igual al Dios de Uganda o al Dios de Australia o al de algún otro país. Por eso me envían cartas pidiéndome dinero. Se me acercan para pedirme ayuda por alguna necesidad. Sin embargo, incluso si los ayudara, eso no sería lo mejor que Dios tiene para ellos. Necesitan aprender a funcionar por revelación del reino de Dios, no por dádivas. No deberían estar buscando comodidad, sino que deberían estar esperando que les vaya bien porque el reino ha llegado (Mateo 5:3).

Solo los huérfanos actúan como si no tuvieran un papá que los guíe y los mantenga. Es hora de que el cuerpo de Cristo deje de actuar como si no tuviéramos un Padre celestial que revele cosas a sus hijos. En el reino de Dios no falta dinero ni revelación ni ideas brillantes. Comienza a pensar como Dios piensa, porque "cual es su pensamiento en su corazón, tal es él" (Proverbios 23:7 RVR1960).

Rompiendo barreras

Pasar de la información a la revelación es lo mismo que romper una barrera en nuestro pensamiento, lo cual —por lo general— implica mucha incomodidad. Cuando te acercas a esa barrera, todo lo que te rodea puede parecer que está empezando a estremecerse. Ahora bien, romper una barrera requiere cambios en tus relaciones, en tu forma de actuar y en tus hábitos. Significa abrirte a soluciones y provisiones inesperadas. Me gusta cómo lo expresó alguien: "Cuando empieces a caminar en la revelación, prepárate para recibir pensamientos necios", pero pensamientos insensatos que son necedades para el intelecto y la mente natural.

Uno de los ejemplos que uso a menudo es cuando el hombre rompió, por primera vez, la barrera del sonido con el objeto de ilustrar lo que se necesita para derribar ese tipo de barreras en nuestro pensamiento. Chuck Yeager fue el piloto de pruebas que rompió esa barrera el 14 de octubre de 1947. Chuck enfrentó muchos desafíos en su camino para hacer lo que algunos decían que era imposible. Tuvo que enfrentarse a su propio miedo. Algunas personas pensaron que se iba a desintegrar. A otros lo que probablemente les pasaba es que estaban celosos de él y no querían que lo intentara.

Cuando Chuck voló su jet a mayor velocidad y cada vez más rápido, acercándose a la barrera del sonido, todo en la aeronave comenzó a temblar. Pero al siguiente instante, rompió la barrera del sonido y todo volvió a la serenidad.[5] Este es un gran ejemplo de lo que se necesita para romper la atadura del trabajo arduo y el pensamiento informativo. Puedes darte cuenta de que estás rompiendo esa barrera porque todo a tu alrededor parece estar temblando. Pero si mantienes el rumbo, Dios te guiará y —por otro lado— la navegación será serena: esa es una vida dirigida por un flujo de revelación que procede de arriba.

Experimenté eso cuando comencé a diezmar. Dar el diez por ciento de mis ingresos a la iglesia me hizo sentir tan incómodo que me estremeció. Me decía a mí mismo: "Vaya, espero que esto funcione". Nunca había hecho algo así antes. Era una barrera real, pero obedecí diligentemente y Dios me enseñó cómo dar. Estaba viviendo por su revelación superior y la sensación de temblor cesó.

¿Creerías que Dios volvió a tratar conmigo respecto a mi concepto de ofrendar? Lo que hizo fue que me guio (por revelación) a que diera cierta cantidad por encima de mi diezmo a una iglesia que estuviera visitando o a un ministerio. Cada una de esas barreras me provocaron cierta sacudida, pero me complace decir que ahora es mucho más fácil para mí el acto de dar. Su revelación y su fidelidad me guiaron a través de esas barreras. Hace unos años, mi esposa y yo regalamos más de lo que yo ganaba con mi salario. Esa fue la primera vez que hicimos eso. Otra barrera, ¡rota!

Cada barrera que rompes está diseñada para hacer que crezcas. Es hecha para tu promoción. Es creada para que escuches la revelación más que la información. Sin embargo, el enemigo resistirá y te abofeteará lo mejor que pueda durante ese tiempo de conmoción, pero cuando te abras paso para navegar tranquilamente, Dios te elevará por encima de esas dificultades. Él te llevará a crecer más y a ser más maduro que antes.

José, en Génesis, recibió algunos sueños proféticos; también recibió una túnica de muchos colores que le obsequió su padre Jacob. El colorido manto representaba proféticamente a la variedad de poblaciones del mundo. José prosperaba bajo muchas promesas, pero los hermanos de José —por celos— lo trataron deshonrosamente y lo vendieron como esclavo. Lo que el joven experimentó durante los siguientes años sin duda puso a prueba la revelación de su realeza. Pero Dios estaba con José dondequiera que iba, desde el foso con los esclavos hasta la casa de Potifar, desde la celda de una prisión hasta, finalmente, el palacio, que era su destino.

El enemigo de nuestras almas trabaja, las veinticuatro horas del día, a través de circunstancias negativas y situaciones injustas, con el objeto de robar tu identidad real. Él quiere evitar que recibas la rica herencia que te pertenece y que viene solo a través de tu identidad real, que es la imagen de Dios en ti. De modo que, cuando vengan tiempos difíciles, haz lo que hizo José: permanece fiel y sigue a Dios. A fin de cuentas, José se percató de que Dios lo estaba preparando para servir como el segundo hombre al mando de Faraón y que estaba forjando las bases para la revelación de su realeza a través de las circunstancias y los acontecimientos que tuvo que enfrentar. Debemos estar conscientes de que es probable que los desafíos nos estremezcan pero —cuando los superamos, aferrándonos con confianza y manteniéndonos firmes en la revelación de Dios— esas experiencias, en realidad, refuerzan nuestro valor como integrantes de la realeza.

Eso me sucedió en Hazardville, donde me vi obligado a romper las barreras del resentimiento, la fatiga y la ira potencial para elevarme a la imagen que Dios me dio. Dios me encomendó que trabajara en esos campos de tabaco para luego llevarme a donde necesitaba que yo fuera. Era más que un trabajo de verano; era una comisión preestablecida. Efesios 2:10 dice que nuestros caminos están dispuestos de antemano. Dios sabía las paradas que necesitaba hacer para comportarme como la realeza que él ideó que yo fuera.

Recuerda, tu herencia solo viene en proporción a tu nueva identidad, la cual viene por revelación. A medida que recibas más conocimiento de lo que es ser hijo de Dios —miembro de la familia real—, te sorprenderá la cantidad y la calidad de ideas piadosas que recibirás. No es que Dios no quiera darte todas las ideas que tiene para ti de inmediato, porque tu imagen no puede y no las recibirá correctamente a menos que te muevas más alto y estés listo para recibir una mayor revelación. A medida que avances de fe en fe y de gloria en gloria (Romanos 1:17; 2 Corintios 3:18), puedes recibir más de tu herencia.

"E invocó Jabes al Dios de Israel, diciendo: ¡Oh, si me dieras bendición, y ensancharas mi territorio, y si tu mano estuviera conmigo" (1 Crónicas 4:10 RVR1960). Creo que Jabés le estaba pidiendo a Dios que aumentara su capacidad para recibir los pensamientos de Dios, es decir, el conocimiento de la revelación.

Cuando regresé de Hazardville, yo era un hombre diferente. Había atravesado una barrera. Se me podía confiar más, a pesar de que todavía era un tipo joven. Podría asumir una responsabilidad y no fracasaría. Ese ambiente desarrolló el carácter en mí. Las personas que no me habían visto en mucho tiempo dijeron: "Realmente cambiaste en este verano".

Espera que Dios te dé, como le dio a Daniel, una unción de sabiduría "diez veces mayor" (ver Daniel 1:20), que te revelará mejores formas de hacer las cosas para ayudar a resolver los problemas de la humanidad. Al igual que el Dr. Carver, espera una gran cantidad de ideas ingeniosas, nuevos inventos e innovaciones que cambiarán al mundo y que te llevarán a una posición de dominio en tu campo, profesión o industria. El resultado final es hacer que el reino de Dios se establezca y avance en todos los lugares a los que se te envíe, a través de la revelación constante desde lo alto.

Resultados explosivos

La revelación viene a través de la meditación en la Palabra de Dios, lo que apela tanto a tu entendimiento como a tu imaginación. Al igual que las semillas, la Palabra viene con la capacidad de hacerse realidad. A medida que medites en ella, germinará la fe que requieres para lograr lo que deseas. Aun cuando la información se limita a un nivel terrenal de desarrollo, la revelación produce un desarrollo explosivo (sobrenatural). Como dijo una persona, la revelación genera revolución.

Considera el primer milagro público de Jesús, la conversión del agua en vino (Juan 2:1-11). En esa ocasión, el Señor pasó por alto todo el proceso normal de elaboración de vino. En lo natural, para producir un vino fino se requieren años que involucran plantación, cultivo, cosecha y añejamiento. La ruta informativa habría requerido, literalmente, toda una vida. Pero, en cuestión de segundos, Jesús implementó la revelación del Padre —por fe— y anuló tanto al tiempo como a la naturaleza misma. Convirtió un simple volumen de agua en el mejor y más caro vino que se podía brindar en una boda. Ese es un resultado explosivo.

En Génesis 26, el hijo de Abraham —Isaac— recogió cien veces más cosechas de las que sembró en el mismo año, durante un tiempo de hambruna, porque el Señor dijo: "Estaré contigo y te bendeciré" (ver los versículos 3 y 12). Eso fue un milagro, un aumento explosivo y sobrenatural que sucedió de una manera extremadamente acelerada.

La revelación hará lo mismo en tu vida cuando decidas vivir por ella, no por información. No seas un sobreviviente con mentalidad de provisión que persigue dinero de manera temporal. Decide dar un paso adelante con confianza como lo hizo David, rompiendo las barreras que se te presenten en el camino hacia mayores niveles de logro. Prepárate para recibir —por revelación— ideas, beneficios y promociones multimillonarias, visiones y sueños prósperos, invenciones y estrategias, progreso y salud divina, libertad de deudas, longevidad y fecundidad, crecimiento y desarrollo acelerado, posicionamiento estratégico, una nueva forma de vivir, una nueva manera de pensar y un nuevo modo de trabajar.

Para eso naciste.

CAPÍTULO 10

EL CREYENTE RICO

———◆————————◆———

Aun cuando caminemos fielmente con el Señor, es posible que no siempre lo escuchemos la primera vez que habla. Eso ciertamente me sucedió cuando él comenzó a decirnos que mudáramos la ubicación de nuestra iglesia.

Eso empezó cuando una de los miembros de la congregación se me acercó un día y me dijo: "Sé de un pequeño lugar en Forest Park que se ve perfecto para nosotros".

Forest Park era un área cercana que, en realidad, era más atractiva que donde estábamos, pero yo no estaba interesado en mudarme. Rechacé su sugerencia tan cortésmente como pude. Entonces se me acercó de nuevo dos semanas después.

"Pastor, el Señor me sigue hablando de ese otro lugar y, realmente, creo que usted debería verlo", dijo. Eso que hizo es probable que haya requerido algo de audacia, por parte de ella, porque claramente yo no estaba interesado en el asunto pero, para calmarla, le dije que manejaría hasta allí y le echaría un vistazo. Eso fue todo lo que me comprometí a hacer.

No me apresuré, pero me dirigí a los alrededores de la propiedad. Era un edificio de oficinas con varios pisos.

Sentí la curiosidad de preguntar quién era el agente inmobiliario encargado de alquilarlo. Me comuniqué con esa persona y lo conocí en la edificación. El salón del edificio era mucho más espacioso de lo que necesitábamos en ese momento y constituía un gran salto considerando donde estábamos. En lo natural, aquello no tenía mucho sentido, pero pensé que todavía no podía cerrar la puerta.

"¿En cuánto se alquila este lugar?", le pregunté al agente. "Tres mil dólares al mes", me dijo. También podría haber dicho tres millones de dólares. Estábamos pagando $562 en ese momento por el pequeño salón en el que nos reuníamos. "Esto no es para nosotros", pensé. "Estoy seguro de que no hay nada que hacer".

Completamos nuestro recorrido y salimos, y me estaba preparando para estrecharle la mano y marcharme cuando escuché a Dios decir: "Tómalo", tan claro como el agua. El Señor continuó su instrucción: "Pregunta si puedes usarlo para los servicios de los domingos y los miércoles". ¡Ni siquiera habíamos salido de las instalaciones cuando me di la vuelta y le dije al agente que lo tomaríamos! Apenas podía creer el sonido de mis propias palabras.

"Dios mío, ¿qué he hecho?", me pregunté mientras conducía a casa. "Esto es mucho para nosotros".

Sin embargo, le anuncié a la congregación que la iglesia se mudaría, ¡y de inmediato comencé a escuchar a algunos miembros que no querían mudarse con nosotros! Dijeron que se sentían llamados a quedarse ahí, lo que respeté, aunque pensé que algunos de ellos debían venir con nosotros. Cuando todo se agitó, solo unos quince miembros se mudaron con nosotros. ¡Estábamos creciendo y encogiéndonos al mismo tiempo!

"Oh, mi Señor", oré, "¿qué vamos a hacer?". Estaba pensando en los ingresos, los gastos, el alquiler, etc. "¿Cómo vamos a pagar todo lo relacionado con este nuevo lugar con solo quince personas?".

No podía ver un camino en lo natural, por lo que —después de escucharme— Dios fue fiel en hablarme. Me dijo: "¿En quién confías: en mí o en ellos?".

Le dije: "En ti, Señor".

Luego me dijo un par de cosas: número uno, las personas no debían ser nuestra fuente. Número dos, Él podría satisfacer nuestras necesidades con muchos o con pocos (ver 1 Samuel 14:6). Eso me animó. En ese momento tenía dos opciones: creer en Dios o creer en lo que vi en el ámbito natural. No había forma de que volviera a vivir pensando en lo terrenal, así que Verónica y yo comenzamos a declarar nuestro destino y decretar nuestro futuro: "Gracias, Señor, porque tenemos tres servicios completos los domingos por la mañana". ¿Teníamos tres servicios el domingo por la mañana? ¡No!, apenas teníamos medio servicio. Pero decidimos no creer a nuestros ojos naturales sino a nuestros ojos de la fe. Hablamos con palabras de la realeza sobre la problemática situación, conscientes de que las palabras de fe son semillas de promesa que pronto crecerían.

Eclesiastés 8:4 dice: "La palabra del rey tiene autoridad". Decretamos esas cosas a menudo: "Gracias porque la gente está haciendo fila en la acera, esperando para entrar al próximo servicio". Al principio no pasó nada visible. Todavía teníamos quince personas en la congregación, reuniéndonos en un lugar mucho más grande, pero continuamos declarando el futuro semana tras semana, llamando a las cosas que no eran como si fueran.

También decidí no presionar a la gente por más dinero. No aceptaría ofrendas condicionales ni pondría una mesa al frente con un recipiente; tampoco diría: "Aquí estoy a ver quién da más, necesitamos a alguien que dé más". Nunca quise usar manipulación, trucos ni mendigar ofrendas porque nada de eso es característico de la realeza. Al contrario, sabía que la Palabra de Dios y el Espíritu de Dios motivarían a las personas a dar.

Y esto último es exactamente lo que sucedió. Casi tan pronto como anunciamos que nos mudaríamos, ¡empezó a llegar dinero de personas que ni siquiera estaban en nuestra iglesia! Dios abrió fuentes de suministro que ni siquiera sabía que existían. Fue sencillamente asombroso para nosotros y muy alentador. Nuestro equipo estaba emocionado y estaba formando una base para un futuro ministerio.

Me alegra mucho decir que debido a la provisión de Dios, nunca nos retrasamos en el pago del alquiler. Es más, el agente inmobiliario que nos alquiló el edificio fue a uno de nuestros servicios y entregó su vida al Señor. Llegó a estar tan seguro de que siempre pagaríamos a tiempo que luego dijo: "Puedo contar con que el dinero de la renta llegará puntualmente, porque viene de este ministerio". ¡Eso es un cumplido real, majestuoso!

EL CRECIMIENTO

Entramos en una nueva temporada en la que Dios agregaba constantemente, tanto bendiciones como personas, a nuestra familia de la iglesia. Al poco tiempo no solo estábamos declarando tres servicios y una fila esperando para entrar, lo estábamos viendo en la realidad. Cada vez que se llenaba un servicio, agregábamos otro, ochocientas personas por culto. Colocábamos sillas en el vestíbulo y en el pasillo. Parecía que había sillas por todas partes. La gente se amontonaba para escuchar la Palabra de Dios.

Todo eso fue hecho por fe, no por esfuerzo humano. Se trataba de que el reino de Dios se construyera como él lo ordenó. Verónica y yo simplemente nos mantuvimos firmes en las promesas que Dios nos había dado. Él nos dijo a través de su Palabra que no dejaría que nos avergonzáramos. Él nos prometió que cualquier cosa que hiciéramos prosperaría. Nos aseguró que estaría con nosotros siempre. ¡Así que nos apoyamos en esas promesas! Ahora bien, cuando confiesas la Palabra, lo primero que eso hace es que cambia tu imagen y luego cambia tus circunstancias. Este es el método de Dios. Es su orden operativa. Una vez que tu imagen cambia, tu realidad también se modifica.

La obra de Dios entre nosotros se estaba haciendo notoria. Uno de los funcionarios de la ciudad acudió a verme un día en la semana y me dijo: "Reverendo, ¿qué está haciendo aquí? La gente está en fila en toda la acera de esta calle. ¿Qué está pasando ahí adentro?". Tal vez quería alguna explicación o una disculpa. No lo sé. Pero lo que le dije fue: "Se está predicando la Palabra de Dios". Esa era la verdad. Dios estaba hablando. La mitad de lo que predicaba los domingos eran cosas que ni siquiera planeaba exponer. Preparaba un mensaje lo mejor que podía y las personas que lo escuchaban esa mañana sacaban lo mejor del mismo por medio del Espíritu. El Espíritu Santo siempre sabe lo que su audiencia necesita escuchar. Él sabe quién viene a cada servicio y cómo quiere cambiar su vida. Era una cosa asombrosa verlo operar en las personas.

Aun así, el ayuntamiento estaba cada vez más preocupado, por lo que me contactaron de nuevo. Imagínate, enfadarse porque la gente quería aprender de Dios y ser mejores padres, empleados, dueños de negocios y ciudadanos.

"Pastor, está ocupando todos los estacionamientos del área", me dijeron. "¿Qué está pasando exactamente ahí adentro?". Ante esa preocupación sospechosa, decidí tomar las cosas con buen humor.

"Estoy preparando una buena comida", respondí. "Las personas necesitan algo bueno que comer y la Palabra de Dios es el mejor alimento que ellos requieren". Después que les dije eso, no me molestaron más.

LA INFLUENCIA DE LA RIQUEZA

Cuando Dios está verdaderamente obrando, no puedes ocultarlo. La realeza no gobierna en secreto sino a la vista de todos. Jesús dijo que su reino era una ciudad sobre un monte (Mateo 5:14); y, en verdad, su reino es una hermosa y poderosa ciudad que todos ven y respetan. Cuando tu realeza esté operando, Dios te levantará frente a tu comunidad, puedes contar con ello. ¿Por qué? Porque la promesa que Dios le hizo a Abraham y a su simiente —la cual cumplió—, nos incluye a ti y a mí.

Haré de ti una gran nación; te bendeciré [en abundancia] y te haré famoso [exaltado, distinguido], y serás una bendición [una fuente de gran bien] para otros. Bendeciré [haré el bien, beneficiaré] a quienes te bendigan y maldeciré [es decir, sujetaré a mi ira y mi juicio] a quienes te traten con desprecio [o te maldigan, deshonren o menosprecien]. Todas las familias de la tierra serán bendecidas por medio de ti.

—GÉNESIS 12:2-3

La majestuosa imagen de la realeza también tiene que ver con tus finanzas. Nuestra iglesia había aprendido lecciones valiosas en cuanto a las finanzas —desde que manejábamos poco dinero— y ahora estábamos aprendiendo a ascender en cuanto a la influencia de la riqueza. Dios es un gran pensador y quiere que pensemos en grande como él. Dios nos proveyó abundantemente en pro de todo lo que hicimos. Por otro lado, Dios paga tus gastos para mostrarte su riqueza. Él es un Dios rico, como también lo son sus descendientes. Cualquier riqueza que Dios te da es para guiarte a influenciar a otros con el fin de que lo conozcan. Su plan no es que seas pobre sino rico. No solo somos embajadores *de* la riqueza de Dios; somos embajadores *con* la riqueza de Dios. Somos productores y distribuidores, tenemos la misión de destruir las obras del diablo, y la pobreza es una de las obras más destructivas del enemigo de las almas.

Este ha sido un tema controvertido dentro y fuera del cuerpo de Cristo. Hay algunos creyentes que se enfocan principalmente en los beneficios espirituales de la salvación. Aman a Dios, ganan almas, son fieles creyentes y contribuyen positivamente a sus comunidades. Por otro lado, muchos cristianos han recibido una revelación del Libro de Deuteronomio:

> Recuerda al Señor tu Dios, porque es él quien te da el poder para producir esa riqueza; así ha confirmado hoy el pacto que bajo juramento hizo con tus antepasados.
>
> —Deuteronomio 8:18

En su calidad de empresarios y negociantes, esos creyentes están creando riqueza para glorificar a Dios como testimonio de la bondad divina y para financiar la expansión del reino. Ambos grupos son salvos y van al cielo. Dios les da a sus hijos la libertad de usar su fe como mejor les parezca. ¡Romanos 14 ilustra claramente que no todos los cristianos creen lo mismo! No debemos juzgarnos unos a otros, porque al final, como dice Romanos 14:12, "cada uno de nosotros tendrá que dar cuentas de sí a Dios".

Creo que mucha gente pobre sigue siéndolo por dos razones. En primer lugar, una ausencia de producción propia en sus vidas y, en segundo lugar, nunca han escuchado el evangelio completo; lo que destruye la imagen que ha generado la falta de riqueza. Considera las siguientes palabras de Jesús:

> Entonces les respondió a los enviados: Vayan y cuéntenle a Juan lo que han visto y oído: Los ciegos ven, los cojos andan, los que tienen lepra son sanados, los sordos oyen, los muertos resucitan y *a los pobres se les anuncian las buenas nuevas.*
>
> —LUCAS 7:22, énfasis añadido

El evangelio fue predicado para destruir la imagen que ha producido la carencia y la pobreza. "Porque cual es su pensamiento en su corazón, tal es él" (Proverbios 23:7 RVR1960).

Dios nos da riqueza para crear plataformas de credibilidad con el objeto de que el mundo desee conocerlo a él. Cuando la gente visitaba nuestra iglesia, podíamos ver a Dios construyendo esas plataformas de credibilidad para su reino. Cuando las personas ven lo bien que Dios cuida a sus hijos, ¡por supuesto que quieren unirse a la familia de él!

La riqueza siempre lleva a la influencia. En ninguna parte de la Biblia dice que un hombre pobre es poderoso y fuerte para el reino. De ninguna manera. Es probable que preguntes: "¿Y qué pasa con la viuda que dio las dos blancas?". Mi respuesta es que ella estaba siguiendo el principio del pacto de Dios, sembrando semillas para acabar con el poder de la carencia. Ella estaba accediendo a su porción del depósito de Dios.

Eclesiastés 9:16 (DHH) dice: "Vale más ser sabio que valiente, aun cuando la sabiduría del hombre pobre no sea tomada en cuenta ni se preste atención a lo que dice". Si eres pobre, es difícil que logres que la gente te escuche. Tu influencia es limitada. Sin embargo, la iglesia no fue creada para ser impotente y quejosa. Fue creada para ser la institución más rica e influyente de la tierra, ¡y lo será antes del regreso de Jesús!

Proverbios 3:16 dice que la riqueza sigue a la sabiduría: "En su izquierda [hay] riquezas y honra". Si el pobre es tan sabio, ¿por qué sigue siendo pobre? Esa es la misma sabiduría del que creó el universo ¡y está a la disposición nuestra!

Me gusta decirlo de esta manera: sin la riqueza, la gente podría cuestionar tu realeza. Como mencioné anteriormente, no existe tal cosa como un rey o una reina pobres. Dios les dijo a los israelitas: "Nos llevaste a un lugar de mucha abundancia" (ver Salmos 66:12 NTV), por lo que hará lo mismo por nosotros. Ignorar esto es como tener dinero en un banco y no reconocerlo como tuyo. Escuché una historia sobre una mujer que vivía en Skid Row, donde viven cientos de personas pobres y sin hogar. Ella falleció de desnutrición, pero unos días más tarde descubrieron que tenía mucho dinero oculto en su colchón y en las paredes de su apartamento. ¡Qué triste! Es obvio que ella tenía una imagen errónea de sí misma, un concepto arraigado en la pobreza y no en la abundancia por la que Jesús murió para proveerla (Juan 10:10).

En el Libro de los Salmos, la Biblia dice: "Aumentará Jehová bendición sobre vosotros; sobre vosotros y sobre vuestros hijos" (Salmos 115:14 RVR1960) y "Lancen voces de alegría y regocijo los que apoyan mi causa, y digan siempre: 'Exaltado sea el Señor, quien se deleita en el bienestar de su siervo'" (Salmos 35:27). Tu prosperidad trae placer a Dios y lo honra en gran manera. Le muestra al mundo cuán bueno es realmente tu Padre celestial.

¡Amén!

¿No hay rey en ti?

T. L. Osborn dijo: "Somos lo que Dios es en nosotros". Hemos visto que Miqueas 4:9 (RVR1960) dice: "Ahora, ¿por qué gritas tanto? *¿No hay rey en ti?*". Y leemos en 1 Juan 4:17 (RVR1960): "Como él es, así somos nosotros en este mundo". Si Dios está en ti, entonces él desea vivir a través de ti. Y si él va a vivir a través de ti, debes verte a ti mismo como él te ve. Si no te ves en la forma en que él te ve, él no se expresa a través de ti.

Dios está en ti ahora, por lo que si él se está expresando a través de ti, entonces la pobreza, el fracaso, la necesidad, la falta de éxito y el sentirte insatisfecho serán cada vez menos comunes para ti. Estos son los síntomas de la injusticia, que defino como no estar a la altura del potencial que Dios te ha dado. Con Dios expresándose a través de ti, no hay forma ni manera de que no puedas sentirte bien económicamente. Luchar en forma constante en la vida es el resultado de una falta de conciencia de Dios en ti, lo que significa que él no se expresa a través de ti. Lo que Dios expresa a través de ti se llama "gloria".

Cuando Dios y tú funcionan como uno solo, el trabajo se transforma en adoración, se convierte en una forma en que la expresión de Dios a través de nosotros produce mucho fruto —como por ejemplo: ideas, conceptos y conocimientos—, porque él es *el* Creador.

Gálatas 2:20 dice: "He sido crucificado con Cristo, y ya no vivo yo, sino que Cristo vive en mí. Lo que ahora vivo en el cuerpo, lo vivo por la fe en el Hijo de Dios, quien me amó y dio su vida por mí". Cuanto más muero, más vive Dios a través de mí. Muero al egoísmo, a la crítica y hasta a la honra de los demás porque sé que para que él viva en mí, tengo que morir. El apóstol Pablo dijo: "Cada día muero" (1 Corintios 15:31). Debemos hacer lo mismo.

Colosenses 1 afirma que el misterio que permaneció oculto por siglos y generaciones ahora se manifiesta en la familia de Dios, y ese misterio es "Cristo en ustedes, la esperanza de gloria" (v. 27). ¿Cómo se transformó, un destino tan glorioso para la propia descendencia de Dios —los ciudadanos de su reino—, en expectativas tan bajas para disfrutar de las bendiciones que Dios pronunció sobre Abraham y su simiente, que no solo es Cristo sino que también nos incluye a ti y a mí?

T. L. Osborn expresa algunas verdades esclarecedoras en su libro *Lo mejor de la vida*.

Reino significa "imperio", "reinado" o "dominio". Dondequiera que Dios reine, ningún otro poder puede imperar. Jesús vino predicando el reino o dominio de Dios en la vida de las personas. Marcos 1:14. Nada podía resistir a Jesús. Ni la enfermedad, ni la debilidad, ni la lepra, ni las imposibilidades; incluso ni la muerte, todo ello cedió cuando Jesucristo vino a la vida. Se llamaba *Emmanuel*, que significa *Dios con nosotros*. Mateo 1:23.[1]

Con razón Jesús dice en Marcos 10:27: "Para los hombres es imposible, pero no para Dios; de hecho, *para Dios todo es posible*" (énfasis añadido). Es hora de que transformemos todas las imposibilidades en posibilidades. La gloria es Dios brillando a través de ti. Nada es demasiado difícil para Dios y, como expuso Osborn, "Nada es demasiado bueno para ti".[2]

En Números 13, diez de los doce hombres que fueron a reconocer la tierra de Canaán dijeron: "No podremos combatir contra esa gente. ¡Son más fuertes que nosotros!" (v. 31). Dios no podía mover a Israel, recién liberado de la esclavitud egipcia, a la tierra de leche y miel si ellos no lo deseaban. El principio del deseo es clave para liberarse de la vieja imagen. Los doce espías trajeron el fruto de la tierra y compartieron con la congregación ese fruto que Dios deseaba que ellos tuvieran. Sin embargo, los israelitas prefirieron regresar a Egipto. (Éxodo 6:9 dice que la cruel servidumbre de la esclavitud les hizo sentir "angustia de espíritu"). Creo que después de cuatrocientos años de esclavitud, esa angustia de espíritu distorsionó su identidad como simiente de Abraham, esa simiente que llevaba la bendición de Abraham. Por eso no escucharon a Moisés, el hombre que Dios escogió para liberarlos. Es más, es por eso que digo que para que prosperemos debemos destruir la imagen que ha producido la falta de riqueza en nosotros. Si la imagen sigue ahí, querrás volver a Egipto, lugar donde no tienes control real de tu propio destino.

Las Escrituras nos dicen que "lo que el justo desea, eso recibe" (Proverbios 10:24) y el propio Jesucristo expresó: "Crean que ya han recibido todo lo que estén pidiendo en oración, y lo obtendrán" (Marcos 11:24). Satanás viene a perturbar nuestro deseo. Es normal que nuestra carne desee las provisiones físicas y materiales que Dios creó para nosotros aquí en la tierra. No solo deseamos agua y aire, sino ¡las comodidades de la vida! Vemos este principio del deseo en acción cuando los migrantes llegan a las fronteras de Estados Unidos. Hay algo muy profundo dentro de cada persona que anhela lo que Dios ha provisto, tanto espirituales *como* naturales. Jesús murió por nosotros para tener ambas cosas.

¿Por qué la pobreza (o el no desear nada más que lo suficiente para sobrevivir) a lo largo de los siglos, desde que se escribió la Biblia, ha ocupado un lugar tan apreciado en muchos sectores de la iglesia? Eso se debe a la influencia de fuentes ajenas a la voluntad revelada de Dios, como lo declara la Biblia.

T. L. Osborn vuelve a arrojar luz sobre esto:

> Una de las doctrinas cardinales del hinduismo es *suprimir todo deseo de bendición, estatus, felicidad o éxito en la vida.* Esa creencia enseña que somos producto del destino; que cualquiera que sea el estado en el que nos encontremos, *debemos aceptarlo con resignación.*
>
> Buda enseñaba que las personas humanas podían alcanzar un nivel de control mental en el que *todos los deseos de la vida serían neutralizados* y que *la raíz misma del deseo moriría.* A eso lo llamó "Nirvana" o *ausencia de deseo.*

Sin embargo, el mismo anhelo por el estado de *ausencia de deseo* es en sí mismo *DESEO*. Más aun, es tan intenso que uno puede pasarse la vida *luchando* en una desesperada *búsqueda* mental por alcanzar ese *paraíso de neutralidad*. Es como tratar de curar un dolor de cabeza deshaciéndose de la cabeza.

Somos creados con deseo.[3]

Estas y otras influencias crean un "muro" o barrera mental alrededor de la mente que mantiene a las personas atrapadas en una imagen que carece de su verdadero y definitivo destino. No pueden ver que hay mucho más a la disposición de ellos en la vida. No pueden ver que el primer paso para prosperar en Dios es, simplemente, creer su Palabra. "Entonces, si a algunos les faltó la fe, ¿acaso su falta de fe anula la fidelidad de Dios? ¡De ninguna manera! Dios es siempre veraz, aunque el hombre sea mentiroso" (Romanos 3:3-4).

JETS Y AERONAVES

Cuando Dios despertó mi mente a la realidad de su riqueza y su reino majestuoso, expandió mis horizontes más allá de lo que esperaba. Una vez me invitaron a predicar en Savannah, Georgia; por lo que acudí a Dios y le pregunté: "Señor, ¿debo aceptar este compromiso?". Dios me dijo que lo aceptara. Mientras estaba allí, conocí a un miembro de la iglesia a la yo iba que era ejecutivo de alto rango en Gulfstream, la empresa que fabrica aviones corporativos. A los jets de Gulfstream los llaman los Cadillac del aire. Así que el hermano me invitó a un recorrido por la planta para que pudiera ver cómo fabricaban esos jets. Esa visita me llevó a aspiraciones aún más altas de excelencia en cada área de mi vida.

Cuando regresé a Chicago, el hombre me llamó para preguntarme cómo había disfrutado de mi visita a su planta de Gulfstream.

—Fue una revelación —le dije. Entonces le hice una pregunta que había estado guardando en mi mente—. ¿Quién compra los jets Gulfstream?

—Gente rica, como la familia real de Arabia Saudita, por ejemplo —dijo—. Compran un par a la vez y les regalan uno a los amigos cuando los visitan.

Insisto, esa es una auténtica familia real que demuestra más el estilo de vida del reino que la mayoría de los cristianos. Dios estaba poniendo ante mis ojos ejemplos de esos estilos de vida para instarme a tener ambiciones reales. Dios ha enriquecido a cada hijo de su familia más de lo que nuestra imaginación pueda pensar. Somos la simiente de Abraham, el padre de la fe. La bendición de Abraham incluye el empoderamiento para la prosperidad financiera. Abraham era tan rico que, literalmente, tenía su propio ejército entrenado, con el que derrotó a los reyes enemigos. Somos bendecidos así como lo fue el fiel Abraham (ver Gálatas 3:9). Todo lo que Dios hizo por él, ha prometido que lo hará por nosotros. Nuestra realeza nos distingue y crea una clara diferencia entre el resto del mundo y nosotros, como sucedió con Abraham: "El Señor ha bendecido mucho a mi amo [Abraham], y lo ha prosperado [engrandecido]" (Génesis 24:35).

Cuando vivimos en la plena revelación de lo que somos, aun en el aspecto financiero, nos volvemos más ricos de lo que podríamos haber soñado. La escasez es un estado mental, una manera de pensar. Jesús dijo: "Si crees verás la gloria de Dios" (ver Juan 11:40).

Recuerdo que un ministro que estaba en una iglesia a la que lo habían invitado junto conmigo, afirmó lo siguiente: "Todos los que están aquí pueden tener un avión". La gente suspiró con incredulidad mientras el ministro dijo: "Permítanme preguntarles algo. ¿Todos aquí tienen auto?". La mayoría de la gente asintió.

Luego indicó:

—Si pueden tener un automóvil, ¿por qué no pueden tener un avión?

—Porque no lo necesitamos —respondió uno de los asistentes a la reunión.

—Tampoco necesitan un auto —contestó el predicador—. Podrían conseguir alguien los lleven todos los días o usar el transporte público.

Lo que él quiso decir era que el enemigo se apodera de la mente de las personas y les hace pensar que algunas cosas son demasiado lujosas o demasiado caras para que las tengan. Cuando hacemos eso entramos en esa mentalidad que dice: "Demasiada riqueza y cosas bonitas incitan la avaricia y la opulencia". Pero en la forma de pensar de Dios, eso no es suficiente. Dios quiere que vivas a su nivel. Algunas personas piensan que un Rolls-Royce es más valioso que ellos, por lo que nunca se ven a sí mismos como propietarios de uno. La verdad es que somos mucho más valiosos que un automóvil o un avión. Ninguna cantidad de dinero podría redimirnos del pecado y de la muerte. Dios tuvo que dar la vida de su Hijo unigénito, Jesús. Esa es una declaración dramática de lo valiosa que es tu vida.

Dios dijo en Isaías 55:8 (RVR1960): "Porque mis pensamientos no son los de ustedes, ni sus caminos son los míos". Como he mencionado, la Biblia promete: "Cual es su pensamiento [del hombre] en su corazón, tal es él"

(Proverbios 23:7). Tenemos que permitir que Dios eleve nuestro nivel de pensamiento, como lo estaba haciendo conmigo y con nuestra congregación en nuestra nueva ubicación. Incluso el primer milagro de Jesús en la Biblia fue uno, que podríamos decir, de lujo (convertir el agua en un vino especial). Dios tiene lo mejor reservado para nosotros. Es hora de que la iglesia se mueva de la posición de escasez —y la mentalidad de "solo lo suficiente"— a nuestra tierra prometida donde tengamos más que suficiente, donde la abundancia sea lo normal.

UNA IGLESIA RICA

Insisto, la iglesia debe ser la institución más rica, y el pueblo de Dios debe ser la gente más adinerada, sobre la faz de la tierra. Nuestros estilos de vida deberían asombrar la imaginación del mundo. ¿Por qué? Porque tenemos una responsabilidad mayor que cualquier otro pueblo: evangelizar al mundo y completar la tarea que Dios le dio a Adán en el Libro de Génesis. Jesús dijo: "Hagan brillar su luz delante de todos, para que ellos puedan ver las buenas obras [yo las llamo obras asombrosas] de ustedes y alaben al Padre que está en el cielo" (Mateo 5:16).

La iglesia es responsable de cumplir —en las naciones— la profecía que fue hablada en Ezequiel 36:35: "Esta tierra, que antes yacía desolada, es ahora un jardín de Edén; las ciudades que antes estaban en ruinas, desoladas y destruidas, están ahora habitadas y fortificadas". Sin amplios recursos económicos, millones de almas podrían perderse para el reino de Dios. La riqueza no se trata de tener un montón de "cosas". La riqueza se da para financiar nuestras asignaciones reales a fin de ganar al mundo para Jesús. También se da para mostrar el carácter de nuestro Padre

Dios y manifestar cuán bondadoso y generoso es él con todos sus hijos.

El mundo está buscando desesperadamente la manifestación de los hijos de Dios. Quieren ver el reino en acción. Tienen hambre de una revelación de su realeza que dé sentido a sus vidas. Los remedios y las soluciones de este mundo están lejos de ser suficientes. La sabiduría y la inteligencia de Egipto no pudieron librar a esa nación del hambre. Necesitaban a José, porque la bendición del Señor estaba sobre la vida de este joven José. El mundo te necesita ahora, porque eres un hijo o hija de la realeza que tiene soluciones sobrenaturales. Ya no necesitan las que el mismo sistema mundial han planteado y fracasado. El sistema mundial está en bancarrota, lleno de promesas vacías y de esclavitud. Lleva a las personas a la cautividad financiera con principios de dependencia y deuda. El mundo ofrece hipotecas; nuestro Rey ofrece más que suficiente. El mundo ofrece bienestar, pero nuestro Rey ofrece riqueza. Pertenecemos a un gobierno diferente con un estándar majestuoso, real (y libre de deudas). Nuestro gobierno provee una nueva economía de riqueza, un nuevo destino y un Rey superior que no esclaviza a sus hijos con el dinero.

Estas promesas son tuyas ahora mismo. Nunca podrán ser mayores que en este mismo instante. Dios no dijo: "Te haré rico en el futuro". Aceptar a Jesús te coloca en la familia más rica del universo y te da acceso a toda la riqueza financiera y las bendiciones que Dios ha preparado en la tierra, porque eres su heredero. Al aceptar a Jesús, te conviertes en parte de la familia más rica jamás conocida por la humanidad, independientemente de dónde estés, dónde hayas nacido, tu color o tu origen. Tienes libre acceso a las reservas económicas de Dios.

Las promesas de Dios son en tiempo presente, ahora mismo. Él no te hará fuerte en el futuro. Él dijo: "Diga el débil: Fuerte soy" (Joel 3:10 RVR1960). Aduéñate de la realidad del "Yo Soy" de Dios. Él no es "voy a ser" o "solía ser". Nada en la Biblia dice: "Vas a ser sanado". Dice: "Por su llaga fuimos nosotros curados" (ver Isaías 53:5 RVR1960). La curación es parte de su herencia, al igual que ser rico. ¿Cómo te curas? Decretándolo con tus palabras de fe. ¿Cómo te haces rico? Decretándolo con tus palabras de fe y el principio real de la siembra y la cosecha. Empiezas a declarar: "¡Por sus llagas fui sanado!" "Bienes y riquezas hay en mi casa". ¡Declara las promesas reales de Dios en tu vida ahora!

Dios quiere que reinemos sobre la tierra. Nos está entrenando para que seamos entidades ambulantes de distribución de riqueza y provisión. En Mateo capítulo 2, los sabios (o magos) llegaron a la casa del rey Jesús con regalos de oro y especias aromáticas. Algunos estiman que sus obsequios valían casi cuatrocientos millones de dólares. ¡Eso es lo que le traes a un Rey! La pregunta es: ¿Podemos recibir ese tipo de herencia financiera? ¿Estamos listos para aceptar y administrar los recursos del reino?

Enfrenté esa prueba cuando Dios me dijo que comprara las instalaciones más grandes que nuestro ministerio jamás había comprado.

LA COMPRA DEL CENTRO COMERCIAL

Después de que nuestra iglesia ya no cabía en el edificio de oficinas en Forest Park, comenzamos a celebrar nuestros servicios en el salón de banquetes Chez Roue. Alquilábamos el salón dos veces por semana, los miércoles y los domingos, y cada vez el cuerpo ministerial empacaba todo nuestro equipo (sistema de sonido, sillas y otros materiales) y lo trasladaba dentro y fuera de las instalaciones. Incluso teníamos que alquilar camiones para todo ese movimiento. Era mucho trabajo montar, desmontar y limpiar el desorden de los bailes nocturnos que se celebraban allí los sábados por la noche. Pero los voluntarios del ministerio fueron fieles en su servicio y les emocionaba servir al ver que Dios hacía crecer el ministerio cada vez más.

Un domingo, después de nuestro último servicio, salí por la puerta principal del salón de banquetes y miré al otro lado de la calle. Vi un centro comercial de trece hectáreas, casi vacío, que había estado en declive por varios años. Mientras lo miraba, el Señor habló claramente a mi corazón y me dijo: "Compra ese centro comercial".

¿Adivina cómo respondió este hombre de fe al mandato de Dios?

Pensé: "¿Por qué? ¿Qué voy a hacer con un centro comercial?".

¡Mi fe ciertamente estaba siendo probada! El centro comercial era enorme, mucho más grande que cualquier cosa en la que pudiera creer. Sabía que no estaba oficialmente a la venta y había pasado por manos de dos dueños que no tuvieron buenos resultados. Tenía preparadas una serie de excusas para tratar de abatir el mandato de Dios. Y... hombre, me puse a trabajar en ello. Verás, el enemigo ha programado astutamente al pueblo de Dios para que desee sobras y cosas pequeñas en vez de cosas grandes, lujosas y excelentes. Olvidamos con mucha facilidad que las asignaciones que Dios nos da siempre son más grandes que lo que podemos lograr con nuestras propias fuerzas. ¿Por qué? Porque él quiere ser nuestra única fuente. Cuando Dios es todo lo que necesitas, tienes acceso a todos los recursos del cielo.

No tenemos permiso del cielo para decir: "No tengo dinero para hacer eso" o "Esa visión es demasiado grande para que la logremos". Nuestra provisión ha sido guardada para nosotros en el cielo. ¿Cómo podemos negar que está ahí? ¡Dios sabía lo que necesitábamos para completar las tareas de nuestro reino incluso antes de que supiéramos que existía ese reino! Él ya ha provisto para nosotros, materialmente y en todo lo demás. Como dice la escritura, "¿Qué soldado presta servicio militar pagándose sus propios gastos?" (1 Corintios 9:7). Ni uno.

Para comprar el centro comercial, Dios me dio una semilla de su Palabra con el fin de que meditara en ella. Era Josué 1:3: "Yo les entregaré a ustedes todo lugar que toquen sus pies". Cuando comencé a meditar en esto, mi capacidad de recibir se expandió y entendí cómo hacer lo que Dios me pedía que hiciera. Mi fe empezó a crecer. Me aferré fuertemente a ese versículo cuando mi mente era bombardeada por dudas y excusas para no comprar la edificación. Lo único que el enemigo no puede detener es la fe. La fe te conecta con la capacidad de Dios. Era como un perro aferrado a un hueso con respecto a la promesa en ese versículo, y repetía Josué 1:3 una y otra vez para que mi fe pudiera venir al oír la Palabra de Dios hablada por mi propia boca (Romanos 10:17).

Entonces el Señor dirigió nuestro ministerio para que se sembrara una semilla financiera. Cuando lo hicimos, los milagros comenzaron a ocurrir. Experimentamos el favor de los vendedores, y bajaron el precio de venta a un punto inaudito, por lo que adquirimos el centro comercial en varios millones de dólares menos de lo que propusieron inicialmente. Estoy casi tentado a decir —y lo digo en el buen sentido— que "lo conseguimos a precio de ganga". Pero fue el precio correcto de Dios para todos los involucrados.

Nuestra temporada en el salón de banquetes Chez Roue terminó cuando nos hicimos dueños del centro comercial.

Cada vez que el ministerio se mudaba a un lugar más grande, el tipo de personas que venían a nuestra iglesia cambiaba, eran un poco más educadas y prósperas. Eso produjo una grata mezcla de personas de todos los orígenes; como dice la Biblia: "El rico y el pobre tienen esto en común: a ambos los ha creado el Señor" (Proverbios 22:2). No importa en qué punto se encuentre alguien en lo financiero, el Espíritu Santo nos guía a todos desde una mentalidad de esclavos a una de reyes. Estábamos recibiendo esta revelación juntos, cada uno a su propio nivel y ritmo.

Dios también cambió mi forma de pensar. Me mostró cómo crece y se expande el reino, tal como lo estaba haciendo nuestra iglesia. Mostró el poder de la influencia y la abundancia, así como el funcionamiento de la realeza en la vida y las finanzas de un ministerio que se sometió a las órdenes del Rey.

Nos estaba usando para crear ambientes de reino como el que tuve en Tuskegee, donde otras personas se darían cuenta de que también eran Superman (o Superchica).

CAPÍTULO 11

CREA AMBIENTES REALES

————◆————

DIOS NO PUSO a Adán en el jardín del Edén para que se quedara allí. Eso solo era la línea de partida, no la de meta. El dominio de Adán era el globo entero. Dondequiera que iba, se le asignaba la creación de ambientes como el del jardín del Edén. Esta sigue siendo la tarea de la humanidad en la tierra. Nos ha sido restaurada por Jesucristo, que nos reconcilió con el Padre y con nuestro propósito original.

A medida que nuestra iglesia creció en tamaño y alcance, y se mudaba a lugares que albergaban congregaciones y un ministerio más grandes, se crearon ambientes reales como el que experimenté cuando crecí en Tuskegee. Mi educación y mi exposición a la grandeza a una edad temprana me dieron una visión de la vida y del mundo como la de Booker T. Washington, claro, si decidía ponerla en práctica. Washington no solo creó actividad sin resultados. Su trabajo, y ahora legado, impactó al mundo. Pudo mostrarle a la gente que no eran consumidores sino productores. No mendigos, sino dueños. No prestatarios, sino prestamistas.

Los visionarios desafían a los que los rodean a que se vean a sí mismos y al mundo con nuevos ojos, desde un

179

nivel de visión superior. Washington hizo eso desafiando y cambiando el presunto destino de millones de exesclavos sin educación y privados de sus derechos con la pregunta del profeta Miqueas: "¿Por qué gritas tanto? ¿No hay rey en ti? (4:9 RVR1960). Washington demostró que la respuesta era sí, lo había.

REYES QUE GOBIERNAN POR VISIÓN

La visión es lo más poderoso sobre la tierra, aparte del Espíritu Santo, porque la visión opera la fe. La fe no es ciega, como dice el viejo refrán. Es ver algo que otros no pueden apreciar. La fe es un tipo de visión interna que te da el poder de perseverar a través de circunstancias desafiantes. La visión es la esperanza que provoca la aceleración hacia la meta que estás buscando. Te hace imparable.

Sin embargo, muchas personas viven sin una visión clara de sus vidas. Proverbios 29:18 dice: "Donde no hay visión, el pueblo se extravía [o perece]". La Biblia Reina Valera 1960 llama a la visión "profecía", y la versión Dios Habla Hoy la traduce como "dirección". Otra traducción dice que "el pueblo no sabe qué hacer" cuando no tiene visión (TLA). Permíteme decirlo en mis términos: "Sin una revelación de la realeza, la gente termina pereciendo porque se descontrola y se vuelve salvaje". Tal es el poder de la visión.

La visión fluye de la revelación que tengamos de la realeza. La realeza nos da ojos para ver lo que Dios nos muestra; la visión es la sustancia de lo que vemos. Es una imagen clara de las condiciones que no existen en este momento, un firme retrato mental del futuro. El Dr. Martin Luther King Jr. tuvo una visión y comenzó un movimiento que cambió una nación. La visión es una foto instantánea de tu destino y un indicador preciso de lo que será tu vida.

Lo que imaginaste ayer, bueno o malo, se ha convertido en una realidad en tu vida hoy. Lo que imaginas hoy escribirá tu futuro, por lo que es fundamental obtener la visión de Dios para tu vida lo antes posible.

Aprendí la importancia de la visión en el ejército, mientras pilotaba aviones de combate; escenario en el que tener una visión adecuada significaba, literalmente, vida o muerte. Mi entrenamiento en la Fuerza Aérea de Estados Unidos incluía cómo usar el sistema de radar del avión para concentrarme en un objetivo determinado. Mientras volaba, la pantalla de mi radar me daba la capacidad de "ver" más de trescientos cincuenta kilómetros frente a mí, detectando docenas de aviones que aparecían como pequeños puntos o destellos en esa pantalla. Eso me permitía anticipar y elaborar estrategias en cuanto a la situación en que me encontraba. Volar a territorio enemigo sin radar habría sido una locura y habría acabado con mi escuadrón.

Al igual que la pantalla de radar de mi avión de combate, cuando "los ojos de tu entendimiento estén iluminados" (ver Efesios 1:18), puedes ver lo que está a la distancia. Puedes anticipar obstáculos, evitar enemigos y concentrarte en tu objetivo con antelación, porque ves por fe aun antes de llegar al objetivo.

LOS AMBIENTES REALES IMPARTEN UNA VISIÓN REAL

Los entornos reales son diseñados para brindar a las personas no solo una revelación de su realeza, sino también la del futuro real que la acompaña. Vi esto operar en persona cuando era gerente en IBM.

Mientras trabajaba allí, IBM se reorganizó y me trasladó dos veces como gerente a diferentes ubicaciones con el objeto de dirigir diversos equipos de ventas. Ambas reubicaciones me colocaban en la peor posición, por así decirlo, porque cuando eres el gerente más nuevo, parece que te encuentras con las peores personas: las que duermen hasta tarde, trabajan menos y quieren irse temprano. Las personas que me asignaron presentaban un desafío para motivarlas, pero el deber de un gerente es capacitar a los demás. Concluí que no ofrecían mucho valor porque no tenían mucha visión. Darles visión se convirtió en mi objetivo principal puesto que creía que su desempeño se resolvería solo una vez que la visión estuviera en su lugar.

Había un joven que era nuevo en IBM y me lo asignaron para que lo dirigiera. Su padre era un abogado muy conocido en el centro de Chicago, pero el chico tenía algunos problemas que debían resolverse. Le di una zona física que llegaba hasta Indiana, un buen territorio con potencial. Sin embargo, después de un mes, solicitó hablar conmigo.

—Bill, en mi territorio no hay nada —se quejó—. Ahí no hay potencial para vender computadoras.

—Vamos —dije.

—Creo que me han dado un trato injusto aquí dijo.

No lo castigué ni lo degradé. Más bien, le dije:

—Saldré contigo dos veces por semana durante las seis que vienen y veremos qué pasa.

Pareció sorprendido por mi oferta, pero eso fue exactamente lo que hicimos.

Al finalizar el año, el joven figuraba entre los mejores vendedores de esa región. Así que me escribió una carta expresando su agradecimiento por haberlo guiado con el ejemplo. Todo lo que hice fue darle un nuevo par de ojos por un tiempo: los míos. No hicimos nada diferente ni le enseñé ninguna técnica de venta dinámica. Simplemente le dejé tomar prestada mi visión por un tiempo hasta que se convirtió en suya.

Una vez me asignaron una mujer afroamericana, en el área de sistemas, en IBM. Nadie quería trabajar con ella, pero pensé que tenía potencial. Realmente no hice nada especial, excepto crear un entorno visionario en el que ella pudiera verse a sí misma de manera distinta. Después de un año, más o menos, todos querían que trabajara para ellos. Su potencial se estaba desarrollando. Tenía una visión real de sí misma sirviendo a un alto nivel en la empresa.

Otra mujer que trabajaba para mí era algo complicada. Tuvo un accidente y le amputaron una pierna. Me la asignaron y descubrí que era muy inteligente, pero difícil de tratar como persona. Insisto, no puedo decir que hice mucho excepto permitir que la revelación de mi realeza creara un ambiente que ayudó a cambiar su visión de sí misma. A finales de año, todo el mundo quería trabajar con ella. Estaba actuando como una reina y no una pendenciera.

Los premios que recibimos como equipo e individualmente tenían menos que ver con la planificación y la estrategia y más con la creación de entornos en los que las personas se aferraran a una visión positiva de sus vidas y de sus carreras. Mis empleados pasaron a tener una revelación de su realeza y su propósito. Se veían a sí mismos de manera diferente y tenían una experiencia de vida mucho mejor. La visión les había mostrado su valor, por lo que la perseguían de todo corazón, con mucho éxito.

Tu identidad real te llevará en la dirección de tus pensamientos

Dios dijo: "Porque mis pensamientos no son los de ustedes, ni sus caminos son los míos" (Isaías 55:8). Observa que tus caminos siguen a tus pensamientos. Piensa en eso por un minuto. Todo lo que tú y yo necesitamos hacer para cambiar nuestra dirección es modificar nuestro pensamiento. Siempre te moverás en la dirección de tus pensamientos más dominantes.

Las personas que luchan, como las que describí en IBM, son aquellas a las que no se les ha enseñado a tener visión. No saben cómo aplicar el principio divino que enseña a ver antes de obtener. Cuando tu forma de pensar cambia, te conmueve casi sin que te des cuenta. La visión tiene esta atracción magnética e invisible que redirige toda nuestra vida. Puede aplicarse a cualquier área de nuestra vida como también a cualquier problema.

Por ejemplo, aprendí con el tiempo que si mi visión considera que si compro algo nuevo, debe ser con un pago inicial, entonces todas las veces que compre algo nuevo lo voy a hacer con un pago inicial. Pero si mi visión es pagar en efectivo y permanecer libre de deudas, pagaré en efectivo por las cosas y permaneceré libre de deudas. Solía hacer pagos iniciales para todo, pero ahora pago todo en efectivo, incluso nuestra casa y nuestros autos. Nuestras finanzas realmente no cambiaron, pero sí nuestra visión en referencia a cómo usar nuestro dinero. Tu resultado depende de cómo veas las cosas. Jesús nunca vio escasez, enfermedad, muerte ni calamidad. Solo vio soluciones. Él siempre supo lo que haría: tenía visión para cada circunstancia. Nunca leemos que Jesús se pusiera temeroso o nervioso por algo. ¿Por qué? Porque Jesús recibía dirección de su Padre, no de las circunstancias terrenales. Cuando tuvo que alimentar a miles de personas en un lugar desierto, simplemente les dijo a los discípulos que hicieran que la gente se sentara. Luego, con dos pececillos en la mano y cinco panes, el Señor dio gracias. Los discípulos repartieron la comida hasta que todos estuvieron llenos (ver Juan 6). Jesús vio a la multitud alimentada (visión), luego caminó en lo natural.

Cuando Jesús llegó a la casa de Lázaro y le dijeron que llevaba cuatro días muerto, simplemente oró y dijo: "Lázaro, ven fuera" (Juan 11:43). Jesús vio a Lázaro resucitado de entre los muertos antes de resucitarlo de entre los muertos. Jesús vio los ojos ciegos abiertos y los cojos caminando. Jesús veía lo que decía. ¡Y como su Padre, lo que Jesús decía siempre se manifestaba! Jesús enseñó este principio en el Libro de Marcos:

> Les aseguro que, si alguno le dice a este monte: "Quítate de ahí y tírate al mar", creyendo, sin abrigar la menor duda de que lo que dice sucederá, lo obtendrá.
>
> —MARCOS 11:23

Un hombre de Dios dijo: "No puedes decir con denuedo lo que nunca has visto". Jesús podía decir audazmente: "Sé sano", porque tenía una visión con la persona que debía ser sanada. Decía: "Paz, enmudece" (Marcos 4:39), porque veía la paz de antemano.

Recuerdo que puse en práctica este principio cuando fui salvo. Yo escuchaba en la radio a un maestro de Biblia que contaba la manera en que ponía sus cuentas sobre la mesa de la cocina y les hablaba diciendo: "Deudas, les hablo a ustedes y les mando que se paguen, se desmaterialicen y desaparezcan, en el nombre de Jesús". Dijo que en ese mismo año, sus deudas se redujeron por completo a cero,

¡sobrenaturalmente! Eso me inspiró, y Dios no hace acepción de personas, así que hice lo mismo. Ordené que se pagaran mis cuentas, en el nombre de Jesús, y continué siguiendo las instrucciones de Dios en mi siembra. Desde ese año en adelante, Verónica y yo nos propusimos personalmente no deber a ningún hombre o mujer nada más que amarlos, y eso fue hace más de treinta años. ¡Tuve la visión para hacerlo!

ESCUELA DE NEGOCIOS JOSÉ

Uno de los llamados que Dios me hizo fue iniciar una escuela de negocios que compitiera al más alto nivel con las escuelas de negocios de la Ivy League. Le dimos el nombre de Joseph Business School [o Escuela de Negocios Joseph] (JBS, por sus siglas en inglés) porque José pudo vislumbrar su realeza cuando su padre le puso el abrigo de muchos colores. Esa túnica, símbolo de la unción de un rey, tenía que ver con una revelación de la realeza; y sus muchos colores, con las muchas naciones que José salvaría del hambre a causa de esa unción. De la misma manera, queremos que nuestra escuela funcione como un "José" sirviendo a muchas naciones y capacitando a la gente para levantar una economía nueva y real, una que no fracase ni pase por ciclos de depresión. Si una economía se basa en los principios de Dios, no puede fallar. Lo que se necesita es visión y revelación para que esto suceda.

Dios nos instruyó a dirigir la escuela como un centro empresarial que enseña a los estudiantes el modo de construir negocios a la manera de Dios. Esos negocios están diseñados para prosperar incluso en tiempos difíciles, porque se basan en la economía del reino de Dios, no en la del mundo. Aunque nuestro cuerpo docente es muy bien educado, con títulos avanzados de Wellesley, Harvard, Wharton y Stanford, nuestros estudiantes objetivo son aquellos que pueden no tener acceso a la educación superior o a las mejores escuelas de negocios, pero que desean aprender y comenzar negocios exitosos que cambiarán las economías de sus comunidades, ciudades y naciones. Aquí es donde la visión puede hacer su mayor aporte. Para ellos, la visión actúa como combustible de cohetes, impulsándolos a la estratosfera de su potencial actualizado.

La semilla de JBS, en realidad, comenzó años antes cuando inicié el "programa de socios para hombres jóvenes afroamericanos". Reclutamos nuestro primer grupo de veinte estudiantes en las escuelas secundarias y preparatorias de las Escuelas Públicas de Chicago. La mayoría no tenía mayor perspectiva que convertirse en el próximo gran atleta, porque ese era el único nivel de visión al que habían estado expuestos. Pocos habían conocido a un abogado, médico u otro profesional en su vida cotidiana. Durante el programa, llevamos a los jóvenes a lugares de Chicago en los que nunca habían estado para ver cosas que nunca habían visto. Uno de esos lugares fue el Aeropuerto Internacional O'Hare. Aunque para muchos de nosotros es normal viajar a un aeropuerto, para ellos fue una revelación. También los llevamos a la bolsa de valores a observar las operaciones bursátiles y a otros lugares que contribuyeran a la expansión de su visión.

Invitamos a individuos a nuestro salón de clases que habían tenido éxito en una variedad de campos con el fin de darles a los jóvenes una visión del tipo de personas que podrían ser. Al final de una de esas clases, hicimos que los estudiantes dibujaran lo que querían ser. Uno de ellos hizo un dibujo que no pudimos descifrar del todo, así que le preguntamos: "¿Qué es esto?".

"Uno de mis hoteles", dijo.

Oh, ¡eso es pensar como un rey!

La Escuela de Negocios Joseph, a través de su ministerio penitenciario R.I.S.E., está plantando entornos visionarios en instalaciones correccionales como la Cárcel del Condado de Cook, en Chicago. El programa imparte clases de negocios y liderazgo, educación financiera, lectura y escritura, y clases de Biblia, todo detrás de los muros. Nuestro programa ha demostrado ser tan valioso que las empresas enviaron representantes a la primera feria de trabajo dentro de la cárcel, lo que resultó en que los reclusos tuvieran trabajos esperándolos en la comunidad después de su liberación.

JBS está impactando al mundo con ubicaciones de socios en los cinco continentes y un programa en línea. También comenzamos un programa de aceleración ejecutiva para personas con negocios establecidos que desean ampliar sus empresas o globalizarse aplicando los principios del reino.

Como ciudadanos del reino de Dios, no estamos aquí para competir sino para dominar. Pretendemos cambiar al mundo a través de esta escuela. ¿Cómo? Impulsando el valor a través de la visión y la unción de Dios para hacer proezas. Así como ayudé a desbloquear el talento y la energía de las personas en IBM, nuestra escuela de negocios está haciendo lo mismo al proyectar una visión y ofrecer capacitación práctica también. Creemos que el Espíritu Santo puede llevar a cualquier persona de cualquier nivel a un lugar mucho más alto. Si puedes ver algo diferente, puedes hacer algo diferente.

¡Eso es visión!

PROTEGE LA VISIÓN

En una reunión de ministros a la que asistí, un hombre de Dios me profetizó sobre algo por lo que había estado creyendo en Dios. Luego dijo: "No dejes que el diablo te lo robe". Esas palabras, realmente, me impresionaron. Había visto suceder algo así en mi amado Tuskegee. Surgió un líder con una visión diferente, que no encajaba en la línea de la visión de Booker T. Washington. Esa visión era muy inferior. Como resultado, Tuskegee declinó y nunca recuperó su alta posición. Alguien "robó" la visión de Tuskegee. El ambiente de la realeza ya no existe allí, aunque creo que algún día será restaurado.

Protege la visión que Dios te da. Protégela del daño, la erosión, la duda, la subversión y el ataque. Lo que Dios te ha guiado a hacer puede ser diferente a todo lo que se haya hecho antes. Eso no importa. No podemos permitir que los ladrones de visiones tomen lo que Dios nos ha dado. Valora tu visión, protégela y no te apresures a contársela a todo el mundo. Si se la cuentas a personas equivocadas, puede ser peligroso. ¡Pregúntale a José! Las personas sin visión pueden desanimarte porque no pueden ver lo que tú ves. Colócate deliberadamente alrededor de los líderes y encontrarás personas que aplaudirán tu visión.

Ten cuidado con el desorden mental también. Cuando permitimos que las noticias por cable o las redes sociales llenen nuestras mentes con información superflua, puede ser extremadamente difícil enfocarnos y traer a la tierra lo que Dios nos ha revelado. Cuando me viene a la mente un pensamiento que socava u obstruye mi visión, hago lo que hacía en la cabina de mi avión de combate cuando era piloto. En nuestras pantallas de radar podíamos poner nuestro puntero en un objetivo en particular y apretar el gatillo del radar. Cuando hacías eso, cualquier otro parpadeo en tu pantalla desaparecía al instante. Solo el objetivo permanecía a la vista. Comparo eso con enfocarse en la Palabra de Dios hasta que todo pensamiento negativo y palabra de incredulidad desaparezca de la pantalla de tu mente. Elige el pensamiento en el que deseas concentrarte, "hala el gatillo" y deja que todos los demás pensamientos desaparezcan.

Abraham hizo eso. "Su fe no flaqueó, aunque reconocía que su cuerpo estaba como muerto, pues ya tenía unos cien años, y que también estaba muerta la matriz de Sara. Ante la promesa de Dios no vaciló como un incrédulo, sino que se reafirmó en su fe y dio gloria a Dios" (Romanos 4:19-20).

Dice que "no flaqueó", lo que significa que Abraham no se centró en lo negativo. Protegió su visión de las amenazas.

Hoy puedo decirte que, después de décadas de caminar con Dios en muchos ambientes diferentes, la visión es lo que me levanta por la mañana. Nuestro ministerio ahora tiene dos centros comerciales, una congregación de miles y una transmisión de televisión. También tengo una esposa maravillosa, tres hijos extraordinarios y ocho nietos para quienes soy un modelo a seguir y un líder. Mi visión es importante tanto para ellos como para mí.

Dondequiera que vayas, crea entornos donde la realeza y la visión puedan florecer. Entonces estarás haciendo tu parte para restaurar el planeta Tierra al paraíso que Dios quiso que fuera.

CAPÍTULO 12

EFECTOS SORPRENDENTES DE TU IDENTIDAD REAL

L A REVELACIÓN DE la realeza tiene muchos efectos secundarios positivos. Los considero parte de su propósito, pero algunos de ellos pueden sorprenderte. Deja que te cuente varias de las cosas inesperadas que tu identidad real logrará en tu vida.

TU IDENTIDAD REAL HARÁ QUE TE RECONCILIES

Cuando estaba entrenando para pilotar aviones de combate, era el único afroamericano de la clase. Éramos casi cincuenta viviendo y aprendiendo juntos. Naturalmente, nunca se me ocurrió pensar que yo era diferente de los demás solo porque era de otro color. Recibí mi revelación real de Tuskegee, y estaba feliz de estar allí, hombro con hombro con todos los demás.

Mi compañero de cuarto y yo vivíamos en las dependencias de los oficiales y dormíamos en un apartamento de dos habitaciones. El lugar también tenía una cocina y una sala de estar. Cuando se acercaba la graduación, su familia vino a visitarlo. Estaba en el dormitorio tomando una siesta la tarde antes de las ceremonias, cuando desperté con el sonido de personas hablando en voz alta en la sala de estar.

"¿Quieres decir que todo este tiempo has estado durmiendo con un negro [en realidad, usó la frase más despectiva]?", retumbó la voz del padre de mi compañero de cuarto. "¿Te dejaron dormir con él?".

Su prejuicio me tomó por sorpresa, pero no hirió mis sentimientos ni erosionó mi imagen. Solo pensé en lo extraño que era que alguien pusiera límites alrededor de su pensamiento de esa manera. Podría haberme enfadado y haber hecho un problema de los comentarios racistas con mi compañero de cuarto o incluso con nuestros superiores, pero fue como si el insulto nunca hubiera sido conmigo. La realeza decide lo que permitirá y lo que no permitirá. El racismo de otra persona es problema de esa persona. Podría torcer el pensamiento de la persona, pero no necesitaba torcer el mío. Mi compañero de cuarto y yo nos graduamos al día siguiente y nos convertimos en pilotos.

Unos años más tarde estaba en el sudeste asiático sirviendo como piloto de combate en la Guerra de Vietnam. Una noche, mi supervisor inmediato bebió demasiado. Llegó al centro de control donde yo estaba trabajando y anunció: "Odio a los negros".

El hombre había sido relegado dos veces y no lo habían ascendido, por lo que se amargó. Él era del Sur, y aunque la segregación había terminado oficialmente, la mentalidad se mantuvo. Furioso, se quejó de los negros en mi presencia por un rato. Pero eso no afectó mi imagen. Sus palabras no pudieron tocar mi identidad porque estaba muy arraigada en mí.

"Jefe, no se sienta así. No le estamos haciendo daño", dije. Mi respuesta mostró misericordia y preocupación genuina por él. Sabía que con ese tipo de actitudes y hábitos, no se le permitiría permanecer mucho tiempo en el ejército. De todos modos, no servía de nada discutir con un borracho hablando de su dolor, por lo que me sentí mucho mejor "poniendo la otra mejilla", como dijo Jesús, aunque yo no era cristiano en aquel tiempo. Mi modelo a seguir, Booker T. Washington, respondió al racismo de la misma manera, por lo que siguió creciendo en autoridad. En ese momento, yo también había aprendido a procesar los prejuicios de otras personas casi mejor que ellos, y pude extinguir lo que podría haberse convertido en un incendio forestal. No reporté a mi jefe a sus superiores pero, pasado el tiempo, escuché que había perdido su carrera militar por razones que nunca supe.

El apóstol Pablo, en 2 Corintios 5:18, dice: "Todo esto proviene de Dios, quien por medio de Cristo nos reconcilió consigo mismo y nos dio el ministerio de la reconciliación". La realeza se reconcilia cuando puede. A veces esto simplemente se traduce en evitar ofensas y conflictos innecesarios. No siempre puedes cambiar los corazones y las mentes de las personas, pero puedes responder de una manera reconciliadora que se niega a permitir que el racismo defina la conversación o el entorno. Solo una revelación de la realeza puede empoderarte para hacer eso.

Tu identidad real expulsará la mentalidad de esclavo

Cada comunidad tiene sus problemas: negros, blancos y de cualquier otro color. Pero todavía me sorprendió encontrar mentalidades negativas en las comunidades negras que encontré fuera de Tuskegee.

Cuando me convertí en piloto, mi hábito era ir a la escuela secundaria local y programar un día para llevar a los estudiantes a una excursión. ¿Por qué? Porque eso es lo que se había hecho con nosotros en Tuskegee. Nos llevaban a lugares interesantes con el fin de darnos una visión de nuestro futuro, y parecía normal ayudar a crear esos entornos para otros dondequiera que fuera.

Sin embargo, muchos en las comunidades negras de las bases militares y más tarde en los negocios, poseían residuos de otra mentalidad. Esto tenía como objetivo obtener folletos, obsequios, promoción preferencial, etc. Fue una narrativa que puso a las instituciones y corporaciones en control y convirtió a los negros en mendigos. Eso no me pareció natural en lo absoluto. ¡En mi ciudad, la comunidad negra había ayudado a la comunidad blanca! Nos necesitaban tanto o más que nosotros a ellos. Intelectual y económicamente estábamos a la par unos de otros. Nada podría borrar esa realidad de mi mente. Eso estaba en mí para bien.

Así que me angustiaba encontrarme con minorías calificadas y perfectamente capaces que sentían que habían sido seleccionadas para llenar la cuota de minorías y cumplir con los objetivos raciales de una empresa o sucursal. Las personas con esa mentalidad, sin importar cuán talentosos fueran, adoptaron una conducta que simplemente asumían para salir adelante, haciendo lo que los poderes les pedían que hicieran. Yo tenía una visión completamente diferente. No quería una dádiva ni un ascenso no ganado: quería ser presidente de una división, tal vez incluso presidente de la empresa algún día, según mi desempeño. Mi imagen interior se manifestó. Una vez durante mi carrera empresarial, mi jefe hasta me envió al aeropuerto para recoger al presidente de una de las divisiones de IBM, lo que reconocí como una entrevista informal para conocerme mientras investigaban a los líderes potenciales dentro la empresa.

Cualquiera, blanco o negro, puede tener una mentalidad de esclavo. Eso comunica que otra persona tiene todo el poder sobre ti. Ese tipo de pensamiento es injusto, inferior, basado en la culpa y lo opuesto a la revelación de la realeza. Cuando caminas en tu propia identidad, nunca buscas en los demás lo que pueden hacer por ti. Caminas, vives y te comportas como dueño, no como mendigo. Ese fue el viaje del hijo pródigo, que pasó de mendigar comida en un corral de cerdos a darse cuenta de que era el heredero y dueño de una rica heredad y que no tenía necesidad de mendigar.

No importa tu raza, tu educación ni tus antecedentes, nadie fue hecho para ser un mendigo que dependa de limosnas y favores injustificados. La realeza camina con la frente en alto. Eclesiastés capítulo 10 dice: "Hay un mal que he visto en esta vida ... He visto esclavos montar a caballo, y príncipes andar a pie como esclavos" (vv. 5, 7).

TU IDENTIDAD REAL DEFINIRÁ
TU DISPOSICIÓN

La realeza tiene una cierta disposición, un cierto porte, una forma real y monárquica. Proyecta una identidad, un aura de majestuosidad. Tiene el sabor del palacio y el aroma de la sala del trono.

Esa disposición real se manifiesta en muchas cosas: ser capaz, temeroso de Dios, veraz; rechazar la codicia; mantener una visión clara e impactante; ser cariñoso, audaz, arriesgado, alegre, insensible a las circunstancias negativas, humilde, digno de confianza y mucho más. El carácter real, en esencia, simplemente significa andar en el fruto del Espíritu, que es "amor, gozo, paz, paciencia, benignidad, bondad, fe, mansedumbre, templanza" (ver Gálatas 5:22-23).

Tener una mala disposición puede afectar tu promoción. Cuando trabajaba en IBM hace años, mi jefe planeaba ascenderme e invitó a varios altos ejecutivos a verme hacer una presentación. De camino a la reunión, un colega afroamericano comenzó a contar lo que había sufrido por las injusticias que le hacía su empresa. Permití que su experiencia afectara mi disposición ese día a tal grado que mi presentación reflejó mi ira. No hace falta decir que la reunión no salió bien, mi jefe estaba furioso y no obtuve el ascenso.

Gracias a Dios, por su misericordia, que mi historia no terminó ahí. Algún tiempo después, Dios me dio otra oportunidad y me disciplíné para andar en el carácter de la realeza. Los resultados fueron mucho mejores y continué escalando posiciones en la empresa.

Daniel mostró una disposición real cuando Dios lo liberó del foso de los leones:

> Y acercándose [el rey] al foso llamó a voces a Daniel con voz triste, y le dijo: Daniel, siervo del Dios viviente, el Dios tuyo, a quien tú continuamente sirves, ¿te ha podido librar de los leones? Entonces Daniel respondió al rey: Oh rey, vive para siempre.
> —DANIEL 6:20-21 RVR1960

¿Viste lo que hizo? Daniel había estado atrapado toda la noche en una sucia guarida con unos leones hambrientos, pero no maldijo al rey. Las Escrituras nos instruyen a no maldecir al rey (Eclesiastés 10:20). En vez de eso, Daniel exaltó al rey con la bendición de una larga vida. Como resultado, Daniel fue ascendido, y los que conspiraron contra él fueron arrojados al foso y devorados por los leones. Cuanto más analices esa historia, más verás la manera en que la disposición real le sirvió tan bien a Daniel. Las circunstancias siempre descubren y revelan quiénes somos en realidad, y Daniel salió como oro puro.

Tener un carácter tipo realeza ayuda a manifestar la majestad y el poder de Dios en nuestras vidas. Hay ciertas cosas que la realeza no recibirá, ciertos lugares a los que no irá y ciertas cosas que la realeza no hará. Incluso hay cosas que la realeza no come ni bebe. Sí, el Espíritu Santo te dirá qué y cómo comer, ¡y si necesitas perder algo de peso! Él te dirá que no mires ciertos programas de televisión, ni leas ciertos libros, ni visites ciertos sitios de noticias ni uses cierto lenguaje. Recuerda, él te está entrenando para reinar. El gobierno no se otorga a los indisciplinados, a los que no saben nada, a los de mente pobre ni a los perezosos.

Tener una disposición real significa que tenemos autocontrol y mantenemos el porte real en todas las situaciones.

TU IDENTIDAD REAL PONDRÁ A PRUEBA TU CAPACIDAD PARA RECIBIR REVELACIÓN

Un día, el dueño de una estación de radio en Hammond, Indiana, me ofreció quince minutos a la semana todos los sábados por la mañana en su emisora para dar un mensaje corto. Tuve que pagar por el tiempo, pero fue un muy buen precio. Manejé para encontrarme con él y sentí que el Señor me decía: "Tómalo", así que acepté el horario del sábado por la mañana. Le proporcionaría una enseñanza de quince minutos cada semana y le pagaría una cantidad determinada.

Cuando llegué a casa, el Señor me habló muy claramente: "¿Qué estás haciendo, accediendo a salir en la radio una vez a la semana?".

"¡Te estoy obedeciendo!", le dije.

"No, quiero que sea todos los días de la semana, de lunes a viernes", dijo el Señor. "La gente necesita escuchar acerca de la fe más de una vez a la semana".

Vaya, eso llenó de temor mi corazón. No me preocupaba el aumento del costo del programa: cinco veces a la semana en lugar de una vez que, en ese horario de lunes a viernes, era más caro. ¡Me inquietaba principalmente que me quedara sin temas que tratar! Estaba en un punto en el que dudé acerca de mi capacidad para recibir revelación en cuanto a la tarea que Dios me había encomendado. En ese momento, no entendía del todo que cuando das lo que tienes en obediencia a Dios, él te vuelve a llenar. Estaba pensando más en guardar algo para mañana, pero esa es una mentalidad de escasez, ya que me aferraba al pan del día anterior. Insisto nuevamente, el "Tutor" me estaba instruyendo en la realeza. Dios tuvo que sacarme de una mentalidad de escasez y llevarme al desbordamiento de la abundancia.

Volví a llamar al dueño de la estación de radio y le dije:

—El Señor me está hablando acerca de la salida al aire durante quince minutos todas las mañanas de lunes a viernes.

—¿Puedes permitirte eso? —me preguntó.

—Sí, el Señor me va a ayudar con eso —respondí por fe.

La fe, en el reino, se convierte en tu moneda; por lo que yo tenía el dinero en forma de fe. Dios sabía eso.

Colgamos y, sin decírmelo, el dueño llamó a una amiga en común y le preguntó si teníamos suficiente dinero para comprar ese tipo de tiempo aire. Ella le dijo: "No sé si tiene suficiente dinero, pero tiene suficiente fe".

El dueño se arriesgó conmigo. Instalé una pequeña cabina de grabación en la ubicación de nuestra iglesia y anoté en mi agenda que debía llegar a las cinco de la mañana para grabar las enseñanzas de una semana. Luego las enviaba a la estación de radio. Nunca pagamos nuestras cuentas tarde. Y, más que eso, Dios me dio bastante revelación para el episodio de cada día. Como resultado de ese paso de fe que dimos hace muchos años, nuestro ministerio ahora llega a casi mil millones de hogares potenciales semanalmente por algún medio de comunicación. Si mi mentalidad de escasez hubiera triunfado, es posible que ni siquiera estuviéramos en la radio. ¡Así que no desprecies los pequeños comienzos!

Dios siempre te dará más revelación que la suficiente para satisfacer las necesidades de cada situación. Un hombre de Dios dijo que "la revelación es el mayor recurso en la escuela de la fe". Por eso el salmista escribió: "Ábreme los ojos, para que contemple las maravillas de tu ley" (Salmos 119:18). Lucas 24:45 afirma: "Entonces [Jesús] les abrió el entendimiento para que comprendieran las Escrituras". Dios nunca se queda sin revelación; además, siempre está dispuesto a compartir.

Tu identidad real tamizará tus relaciones

Caminar en la revelación de tu realeza a veces puede causar tensión y tamizar las relaciones. Un buen ejemplo de eso lo tenemos en el Libro de Génesis. Allí, un hombre llamado

Lot fue bendecido por su relación con su tío Abraham. La Escritura dice: "Abram se había hecho muy rico en ganado, plata y oro" (Génesis 13:2). Luego continúa diciendo que Lot, que estaba asociado con Abraham, "tenía rebaños, ganado y tiendas de campaña" (v. 5). Observa la forma en que Lot fue bendecido por su asociación con Abraham. Estaba cosechando los resultados de un ambiente real.

Sin embargo, cuando la tierra ya no pudo sustentar ni los rebaños ni las posesiones de los hombres y los pastores de Abraham y Lot, comenzaron a pelear y la relación se tensó. Abraham (que todavía se llamaba Abram) le dijo a Lot: "No debe haber pleitos entre nosotros ... Allí tienes toda la tierra a tu disposición" (Génesis 13:8-9), y Abraham dejó que su sobrino fuera el primero que eligiera la tierra que quería.

Los ojos de Lot fueron atraídos por la fructífera llanura donde se encontraban las ciudades de Sodoma y Gomorra, por lo que se movió en la dirección de su deseo, a Sodoma. Ese alejamiento del ambiente majestuoso (su asociación real con Abraham) finalmente terminó en un desastre para la ciudad y para la propia familia de Lot, aunque Dios los salvó a él y a sus hijas de la destrucción inmediata.

Por su parte, Abraham realmente no hizo nada malo para causar separación en su relación con Lot. Simplemente anduvo por la vida con una perspectiva de rey. Con el tiempo, eso creó división entre ellos. La identidad real siempre te separará de la persona que no elige vivir con su propia identidad real. Esa persona probablemente no entenderá las decisiones que tomas ni por qué las haces. En última instancia, la relación llegará a algún tipo de pausa o final.

Esto puede ser un obstáculo para algunas personas que no quieren perder a sus familiares, comunidades o sus buenos amigos. Las relaciones dan mucho consuelo y satis-facción, pero también pueden interponerse en el camino a seguir los planes de Dios para nuestras vidas o en cuanto a caminar en nuestra identidad real. Abraham sabía que estaba llamado a ir más alto. Permitió que Lot se sepa-rara de él, tal vez incluso consciente de que Lot sufriría al no estar más bajo el abrigo real de la prosperidad y la protección de Abraham. (Lo cual sucedió no mucho des-pués, cuando Lot y su familia fueron llevados cautivos por un rey extranjero, solo para ser rescatados por el podero-so y astuto Abraham y su ejército). Hay muchos ejemplos en la Biblia de personas que comenzaron a tener sueños que Dios les daba, solo para que estos los separaran de su familia y de sus amigos. Ese es el precio de ir más alto y vivir en nuestras verdaderas identidades.

TU IDENTIDAD REAL PONDRÁ CELOSOS A LOS DEMÁS

A veces, cuando tu identidad real comienza a manifestarse en tu vida, provocará celos a otros en todo aspecto. Eso es lo que le pasó a José. En Génesis 37, el hijo menor de Jacob soñó con convertirse en gobernante y ver a sus hermanos inclinarse ante él. Cometió el error de contar el sueño a sus hermanos y a su padre. Sus hermanos se pusieron tan celo-sos que querían matarlo. Por eso lo arrojaron a un pozo y terminó siendo vendido a los traficantes de esclavos ismae-litas, que lo llevaron a Egipto y lo vendieron como esclavo.

Nos gusta pensar que otros celebrarán nuestro llama-miento real con nosotros, pero al igual que los hermanos de José, incluso nuestros familiares más cercanos se verán tentados por los celos. Así son las cosas, aunque me gusta-ría poder decirte lo contrario. La mayoría de las personas se ponen celosas y se resienten, por lo que tienen que superar eso antes de celebrar contigo. Algunos nunca llegan a hacerlo.

No te desanimes cuando tu identidad eterna genere respuestas negativas en los demás. Jesús dijo: "Me odiaron sin motivo" (Juan 15:25). Incluso los hermanos en la fe pueden sentir envidia de ti y de tu nueva identidad, y es posible que ni siquiera sepan por qué. Es porque el enemigo teme la revelación de la realeza y los creyentes que actúan en ella. Él alimenta pensamientos de celos en las personas que nos rodean.

Cuando Verónica y yo llegamos a Chicago para comenzar nuestro ministerio con solo doscientos dólares y sin un lugar donde vivir, a muy pocas personas les importó lo que estábamos predicando o enseñando. Pero cuando nuestro ministerio comenzó a crecer y finalmente compramos un centro comercial de trece hectáreas en un suburbio de Chicago, y la obra (ubicada en ese centro comercial) comenzó a florecer, ¡ah, los enemigos comenzaron a surgir! No importaba que nuestra visión fuera llevar prosperidad económica al área a través de empleos e ingresos fiscales. Los celos son ciegos al bien que haces.

No obstante, no importa cuán hirientes sean las palabras de las personas o cuán mal hablen de ti, tu responsabilidad es caminar en amor. Recuerda, solo tú puedes renunciar a tu identidad. Debido a que Verónica y yo nos quedamos en ese lugar de fe y amor, tenemos el privilegio de predicar el evangelio en todo el mundo, y ese centro comercial que alguna vez estuvo desierto ha creado más de cuatrocientos empleos y proporciona millones de dólares en ingresos fiscales a la ciudad y al municipio. Nos aferrábamos firmemente a nuestra identidad real y no permitíamos que los celos de la gente nos amargaran.

TU IDENTIDAD REAL TE
QUITARÁ TUS LÍMITES

Hemos visto la forma en que Dios quiere llevarnos más alto en sus caminos, viviendo a nivel de la eternidad y con un estilo de vida sobrenatural. Esto, a menudo, requiere que dejemos lo familiar para movernos con él a circunstancias desconocidas. Algunos hijos de la realeza pueden sentirse obligados a quedarse donde fueron criados o a permanecer en una comunidad que ha sido buena con ellos. Pero salir de allí es, muchas veces, el único camino para pasar al siguiente nivel.

Veamos esta observación: las personas rara vez alcanzan su máximo potencial en el mismo lugar. Dios, a menudo, tiene que trasladarnos a un nuevo entorno, lejos de la familia y lo familiar, para alcanzar nuestro máximo potencial. Es una prueba que nos impulsa a pensar: ¿Seguro que iremos más alto con él? ¿Permitiremos que nuestra identidad real elimine los límites a nuestras vidas? El hogar puede sentirse cómodo, pero tal vez él te esté llamando para que vayas a una escuela en otro estado. Tal vez te esté guiando allí porque sabe que encontrarás el liderazgo y las oportunidades adecuadas para convertirte en un líder de clase mundial. Solo Dios lo sabe.

Después de comprar a José como esclavo, los ismaelitas lo llevaron a Egipto y lo vendieron a Potifar. La única forma en que José florecería era "sacándolo de lo familiar y eliminando los límites", en caso contrario seguiría bajo la autoridad de Jacob. Recuerda, fue Jacob —su padre— quien le dijo que dejara de hablar de su sueño celestial (Génesis 37:10). Al decir eso, Jacob estaba poniendo límites a la vida de José, mientras que estaba claro que Dios estaba preparando al joven para el liderazgo.

Tu identidad real pondrá
a prueba tu suelo

Relacionado con "quitarte tus límites" (es decir, quitar el techo que el enemigo intenta colocar sobre tu potencial) yace la necesidad de estar plantado en el suelo correcto para convertirte en un líder visionario en la casa de Dios. Como dije muchas veces, Dios desea moverte de donde estás a donde deberías estar para que tus dones y tu potencial puedan maximizarse. Por desdicha, muchas personas se niegan a moverse.

Cuando Dios transportó a un reacio José lejos de todo lo que conocía y a Egipto, es posible que este no supiera que estaba siendo plantado en un ambiente que tenía las circunstancias perfectas para maximizar su potencial. Incluso cuando no sea ideal, de acuerdo con los estándares humanos, Dios sabe qué entorno sacará a relucir mejor tu potencial. Tú y yo normalmente no podemos decir estas cosas. No nos creamos a nosotros mismos, Dios fue el que lo hizo. Aunque tengamos alguna indicación de lo que es inherente dentro de nosotros, nuestro Creador es el único que sabe lo que se necesita para sacar a flote nuestro verdadero potencial.

José fue a su nuevo lugar encadenado, pero las cadenas no impidieron su desarrollo ni la unción que Dios tenía en su vida. Estaba en el terreno correcto. Nunca habría sido un gobernante poderoso en su hogar si permanecía en la casa de su padre. Dios tuvo que sacar a José de su entorno normal (tribal), donde todo le era familiar, y llevarlo a donde pudiera florecer como líder en el escenario mundial. Si alguna vez has estudiado agricultura o has plantado un jardín, sabes que para que una semilla se abra y comience a crecer, debe tener las condiciones adecuadas en el suelo adecuado. No puedes plantar una bellota en la arena o en un suelo seco y deshidratado si quieres que crezca. Tiene que estar en el suelo adecuado para echar raíces y crecer. A la gente le ocurre lo mismo. Algunos tienen todos los ingredientes correctos dentro de sí, pero no pueden florecer porque no están en el suelo adecuado. Como con la bellota, todo lo que llegarás a ser ya está dentro de ti, Dios no va a agregar nada; solo está desarrollando lo que ya está allí. Dentro de cada semilla de bellota hay un roble. Árboles completos existen dentro y pueden ser producidos a partir de una sola de ellas; esa semilla es una unidad autónoma con todos los elementos necesarios empaquetados en su interior. Eso se llama potencial: toda esa habilidad, talento, poder y fuerza no realizados y no expuestos. Solo está esperando ser plantada en el suelo adecuado, como tú y como yo.

Tu identidad real es atemporal

Algunos pueden decir: "Mi tiempo ha pasado. Soy demasiado viejo para hacer lo que Dios quiere que haga. Deja que la generación más joven haga eso". Otros podrían decir: "Soy demasiado joven y demasiado verde. No estoy listo para ser plantado ni para florecer".

Permíteme que te asegure lo siguiente: tu identidad real no conoce edad. Nunca eres demasiado joven ni demasiado viejo. Puedes lograr cualquier cosa en cualquier momento. Lo importante es que empieces. Empieza en la fe y permanece en la fe. Abraham y Sara tuvieron a su hijo de la promesa, Isaac, cuando eran ancianos y habían pasado la edad de procrear. Como leímos antes, Romanos 4:19-20 dice: "Su fe no flaqueó, aunque reconocía que su cuerpo estaba como muerto, pues ya tenía unos cien años, y que también estaba muerta la matriz de Sara. Ante la promesa de Dios no vaciló como un incrédulo, sino que se reafirmó en su fe y dio gloria a Dios".

Cualquiera puede empezar a recuperar el tiempo perdido ahora mismo. Si todavía estás respirando, puedes darte cuenta del potencial real sin explotar que tienes dentro de ti. Harland Sanders, también conocido como el gran Coronel Sanders, no comenzó el mundialmente famoso Kentucky Fried Chicken hasta que cumplió sesenta y seis años. Si pudo comenzar una franquicia de pollos a esa edad, seguramente tú puedes empezar a hacer lo que Dios haya puesto en tu corazón. El refrán "La edad es solo un número" es ciertamente verdadero cuando se trata de Dios.

Pablo le dijo a su joven aprendiz, Timoteo, que no se alejara del ministerio porque creyera ser demasiado joven (1 Timoteo 4:12). Me recuerda a uno de los oradores que tenemos en nuestra conferencia de negocios, un joven afroamericano que se hizo millonario a los catorce años. Su familia había recibido la asistencia social del gobierno desde que nació. Nos dijo que un día se cansó de estar en la ruina. Aprendió algunas cosas por sí mismo, aprovechó su potencial y comenzó a hacer lo único que sabía hacer: pintar rocas y vendérselas a sus vecinos. A partir de ahí construyó un negocio tras otro, convirtiéndose en millonario y en la persona más joven en tener una oficina en Wall Street. A los veintiún años recibió un doctorado honorario y más tarde fue nombrado uno de los hombres negros más influyentes de Estados Unidos por la National Urban League.[1]

¿Todavía crees que eres demasiado joven para perseguir los sueños que Dios te ha dado?

El capítulo 32 de Job dice: "Y habló Eliú hijo de Baraquel de Buz: 'Yo soy muy joven, y ustedes ancianos; por eso me sentía muy temeroso de expresarles mi opinión. Y me dije: Que hable la voz de la experiencia; que demuestren los ancianos su sabiduría. Pero lo que da entendimiento al hombre es el espíritu que en él habita; ¡es el hálito del Todopoderoso!" (vv. 6-8).

TU IDENTIDAD REAL RESISTIRÁ LOS TEMBLORES

Me sacudieron durante algunos años cuando fui por primera vez a la escuela universitaria. Mi hermano asistía a la Universidad de Howard en Washington, DC, donde estudiaba arquitectura, así que lo seguí allí y me especialicé en zoología con la idea de ir a la escuela de medicina después. En ese momento, mi hermano era un estudiante de último año muy conocido, y Howard era famoso por sus fiestas, por lo que me invitaban a muchas de ellas. Mis estudios cayeron en picada por primera vez en mi vida, tanto que un día recibí una calificación reprobatoria en una clase. Mi profesor de economía, el Dr. Hoskins, me dijo: "Señor Winston, algunos de nosotros tenemos talento y otros simplemente no". Sus palabras me sorprendieron y me desconcertó aún más cuando la escuela me pidió que tomara un semestre libre para considerar mis planes porque mis calificaciones eran muy malas.

Llamar a mi papá para darle esa noticia fue una de las cosas más difíciles que he hecho. Él creía firmemente en la educación y había hecho todo lo posible con el fin de posicionarnos para el éxito en ese campo. Fallé en eso. A pesar de lo decepcionado que estaba, papá tenía un plan. Habló con el director de admisiones de la Universidad de Tuskegee y regresé a casa para completar mi carrera (que cambié a biología), sin todas aquellas distracciones. Fue entonces cuando me reconecté con mi deseo de pilotar aviones, y me alegro de haber hecho la transición de regreso a mis sueños. Tuvo un buen resultado para mí.

Sin embargo, el sacudón fue difícil. Lo único que me permitió recuperarme fue que estaba firmemente convencido, ya entonces, de mi imagen real. Ningún profesor de economía ni ninguna universidad pudieron convencerme de que era "menos que" o incapaz de. Cuando estés tan arraigado a tu identidad real, no aparecerá nada que pueda desviarte de tu rumbo. Puedes sentirte entorpecido por un tiempo, pero ahí es cuando tu realeza se convierte en tu timón y te lleva de vuelta al rumbo, como lo hizo conmigo.

Tu identidad real te hará tener mentalidad de misión

Cuando regresé a Tuskegee para asistir a la universidad, estaba decidido: iba a tener éxito a cualquier costo. Me había convertido en una persona enfocada en la misión. De una forma u otra, tendría un resultado exitoso. Así que me inscribí en el Cuerpo de Entrenamiento de Oficiales de la Reserva (ROTC), que me preparó para ingresar a la Fuerza Aérea de Estados Unidos, después de graduarme.

El ejército es un ejemplo vivo de la mentalidad de misión en la estructura y organización que existe en un portaaviones. En el ejército, por supuesto, todo es al pie de la letra. Todo el mundo conoce su trabajo; están bien capacitados para trabajar juntos como un equipo eficiente. Todos en el equipo tienen una mentalidad de misión, por lo que no hay conflictos ni competencia. Eso es importante porque en tiempos de guerra, si las personas no están en el lugar que les corresponde o no están debidamente capacitadas, alguien podría perder la vida. La mentalidad de misión es así de importante.

En un portaaviones, el "jefe aéreo" supervisa a todos y se asegura de que cada miembro del equipo se adhiera a los procedimientos y estándares establecidos. El jefe aéreo orquesta con éxito la misión en un entorno cercano y procede a la "preparación efectiva" del equipo para tiempos de guerra.

Mi papel específico en el equipo era el de piloto de combate, por lo que debía tener en cuenta mi propia y exclusiva preparación. Un aspecto de esa "preparación efectiva" era lo que todo piloto debe considerar: su combustible. Antes de despegar en una misión, tu avión debe estar totalmente cargado de combustible. Tu objetivo puede estar a seiscientos kilómetros al norte de donde te encuentras, y es posible que no puedas llegar allí y regresar con un solo tanque. No puedes aterrizar para recargar. Más bien, debes recargar en el aire conectándote con una cisterna de reabastecimiento. Esto es algo difícil de hacer.

Puedo recordar algunos momentos en que los nuevos pilotos iban a buscarme con el objeto de que los entrenara para volar en una zona de combate. Se sentaban en el asiento delantero como comandantes de la aeronave y yo me sentaba detrás de ellos en la cabina. Aunque eran pilotos certificados y podían volar, cuando intentaban engancharse a la cisterna de reabastecimiento de combustible por primera vez, casi siempre tenían problemas.

El centro de gravedad del avión de combate cambiaría fácilmente debido a su gran peso y danzaría de un lado a otro debajo de la cisterna de reabastecimiento de combustible. Tenía que mostrarles a los oficiales cómo mantener el avión de combate equilibrado y quieto para que pudiera engancharse a la cisterna y permanecer así para recargar.

Después de varias veces de intentarlo, podían hacerlo a la perfección. Aquello requería una gran cantidad de enfoque y mentalidad de misión. Te garantizo que cuando te conectas a una cisterna de reabastecimiento de combustible, no estás pensando en nada más.

Así es como debemos ser en las asignaciones que fluyen de nuestra identidad real. La mentalidad de misión hace que todos trabajen juntos, alcanzando los estándares establecidos, enfocados en las cosas correctas. Nuestro jefe aéreo es el propio Señor Jesús, y creo que él está orquestando algo mucho más grande que cualquier cosa que hayamos visto en la tierra.

Tu identidad real permite que hagas cosas maravillosas

El Salmo 72:18 dice: "Bendito Jehová Dios, el Dios de Israel, el único que hace maravillas". Un comentario de la Biblia describe las "maravillas" como "grandes prodigios que nadie más puede igualar, dejando a todos los demás tan atrás, que él sigue siendo el único hacedor de maravillas".[2] Cuando sabes que eres gobernante, y caminas en tu nueva identidad real, la unción de Dios fluirá sin esfuerzo a través de ti para obrar milagros. Obras maravillosas suceden cuando te asocias con Dios para traer las ideas y los planes del cielo a la tierra. Si sirves en el mundo de los negocios, ¡ningún competidor podrá igualar lo que hagas ni cómo lo hagas! Dejarás a los demás muy atrás al dominar tu industria y liderar en tu esfera de influencia. Al igual que Daniel, que fue diez veces mejor que todos sus compañeros, tu identidad real te posicionará como una persona que transforma al mundo y un creador de historia.

Cuando tienes conciencia de lo que eres en Cristo, eso te cambia a ti y a todo lo que te rodea. Jesús tenía conciencia de lo que era, y esa identidad nunca lo abandonó. Sabía que era gobernante, rey, un ser divino vestido con un cuerpo humano. Por eso decía cosas como: "Padre mío" y "ustedes sois dioses". Cuando indicó: "El Padre y yo somos uno" (Juan 10:30), los líderes religiosos quisieron apedrearlo. Así que dijeron: "No te apedreamos por ninguna de ellas [de las buenas obras], sino por blasfemia; porque tú, siendo hombre, te haces pasar por Dios" (v. 33).

El enemigo trabaja horas extras para que sigas aceptando y manteniendo la imagen de que solo eres humano. Él intenta diseñar circunstancias y eventos que refuercen la fragilidad humana, la debilidad y el no tener control en la vida. El Espíritu Santo, por otro lado, está ocupado haciendo todo lo contrario. Siempre está reforzando tu gobierno y, como se dijo antes, instruyéndote en la realeza. Él está en el interior de cada hijo de Dios nacido de nuevo, recordándole: "No eres meramente humano".

Insisto, Miqueas 4:9 dice: "Ahora, ¿por qué clamas tan fuerte? ¿No hay rey en ti?

La respuesta es un rotundo: "¡Sí, hay un rey en mí!".

La revelación de la realeza es una fuerza poderosa para el avance del reino de Dios en la tierra. Estos son solo algunos de los efectos importantes que su identidad real tendrá sobre las personas, las situaciones y tu propia vida. Habiéndolos observado muchas veces en mi propio ser, y en las personas que me rodean, los ofrezco como una perspectiva espiritual y un estímulo para ayudarte a mantenerte en curso mientras caminas en tu identidad real.

CONCLUSIÓN

ᴇsᴛᴀʙᴀ ᴇɴ ᴜɴ viaje misionero en India, hace varios años, cuando intenté —y fallé repetidas veces— hacer una llamada telefónica desde mi habitación del hotel. No importaba en qué dirección me moviera dentro de la habitación, no podía obtener señal en mi teléfono celular. Al fin, bajé al vestíbulo del hotel para averiguar qué estaba pasando.

"Señor, nos disculpamos por las molestias, pero eso está fuera de nuestro control", dijo el asistente en la recepción. "Ese enorme camión que está pasando por el frente del hotel está barriendo, electrónicamente, todas las ondas de radio puesto que viene el presidente de Estados Unidos".

¡Eso lo explicaba todo! El gobierno indio estaba preparando el ambiente, incluso las ondas de radio, para asegurar la llegada del presidente estadounidense al país.

Esa es una imagen magnífica de lo que está sucediendo en el planeta hoy. El Espíritu Santo está "barriendo la atmósfera espiritual" para preparar el regreso de Jesús, nuestro Rey. Él está creando un ambiente real —majestuoso— para su venida, tal como lo profetizó Isaías: "Preparen en el desierto un camino para el Señor; enderecen en la estepa un sendero para nuestro Dios" (ver Isaías 40:3;

Mateo 3:3). ¿Cómo está Dios haciendo eso? ¡A través de tus decretos reales! Mediante las oraciones, la intercesión y las palabras que hablan sus hijos reales, ¡tú y yo!

Habla a la atmósfera

Como aprendimos en este libro, expresar palabras llenas de fe es la forma en que Dios creó este mundo y la manera en que lo administramos y lo elevamos al estado de reino hoy. Nuestro objetivo es ayudar al mundo entero a elevarse a lo eterno ejerciendo nuestro dominio. Tenemos el poder, tenemos el llamado y tenemos las palabras para hacer eso realidad. Nuestros decretos legales resuenan en los cielos y en la tierra y moldean, literalmente, a la historia.

El profeta Miqueas nos dio un gran ejemplo al profetizar el nacimiento de Jesús:

> Pero tú, Belén Efrata, pequeña para estar entre las familias de Judá, de ti me saldrá el que será Señor en Israel; y sus salidas son desde el principio, desde los días de la eternidad.
>
> —Miqueas 5:2

Observa la manera en que sucedió esto: cientos de años después de que Miqueas hablara y escribiera esas palabras, un rey impío emitió otro decreto que hizo que se cumplieran las palabras del profeta:

> Por aquellos días Augusto César decretó que se levantara un censo en todo el Imperio romano... Así que iban todos a inscribirse, cada cual a su propio pueblo. También José, que era descendiente del rey David, subió de Nazaret, ciudad

de Galilea, a Judea. Fue a Belén, la Ciudad de David, para inscribirse junto con María su esposa. Ella se encontraba encinta.

—Lucas 2:1, 3-5

¿Por qué César decidió gravar al pueblo? ¿Qué motivó sus acciones en ese preciso momento? Esas acciones fueron puestas en marcha en el ámbito espiritual por las palabras proféticas de Miqueas pronunciadas siglos antes de que el Mesías de Israel, el Salvador del mundo entero, naciera en Belén. Y sucedieron tal como lo dijo el profeta. Las palabras que Miqueas lanzó a los cielos, por fe, prepararon el camino para el Rey que vendría; lo que llevó a un César romano a proclamar un decreto que hizo que la profecía de Miqueas se cumpliera, justo a tiempo.

La Palabra de Dios es el factor que todo lo controla. Trasciende el tiempo y se extiende a lo largo de generaciones. Al usar palabras llenas de fe, tomamos dominio sobre el mundo, alineando todo en este planeta con el gobierno celestial, el reino de Dios. Dondequiera que seamos enviados, tenemos el derecho y el deber de alinear todo lo que no esté de acuerdo con el gobierno celestial, en preparación para nuestro Rey. Los ángeles son enviados como agentes que hacen cumplir el pacto, es decir, vigilantes del cumplimiento de su decreto. El reino de Dios gobierna sobre todo, y sus ángeles "ejecutan su palabra y obedecen su mandato" (Salmos 103:20; ver también el versículo 19).

LLAMA A LAS COSAS A LA EXISTENCIA

Permíteme que te exponga algunos ejemplos finales de esto. David, hablando como el rey en el que se convertiría, hizo cinco declaraciones sobre el resultado de su lucha con Goliat:

> Hoy mismo [número 1] el Señor te entregará en mis manos [número 2]; y yo te mataré [número 3] y te cortaré la cabeza [número 4]. Hoy mismo echaré los cadáveres del ejército filisteo a las aves del cielo y a las fieras del campo, y todo el mundo sabrá que hay un Dios en Israel [número 5].
>
> —1 Samuel 17:46

Cada una de esas cinco cosas sucedieron porque fueron decretadas. Años más tarde, cuando el pueblo de Israel enfrentaba una crisis diferente, Mardoqueo ayudó a Ester a cumplir su destino y declaró su futuro diciendo:

> Si te quedas callada en un momento como este, el alivio y la liberación para los judíos surgirán de algún otro lado, pero tú y tus parientes morirán. ¿Quién sabe si no llegaste a ser reina precisamente para un momento como este?
>
> —ESTER 4:14 NTV

Las cosas sucedieron exactamente como Mardoqueo las decretó. Como dice Eclesiastés 8:4: "Porque la palabra del rey es su potestad [poder]" (JBS). Nuestras palabras son tan poderosas que las Escrituras nos advierten, como representantes reales de Dios, que tengamos cuidado con lo que decimos:

> No permitas que tu boca te haga pecar, ni digas luego ante el mensajero [ángel] de Dios que lo

hiciste sin querer. ¿Por qué ha de enojarse Dios
por lo que dices, y destruir el fruto de tu trabajo?

—ECLESIASTÉS 5:6

A veces, el decreto real está tan listo para ser procla-
mado que literalmente salta de tu boca, sin pasar por tu
mente natural. Esto me sucedió hace unos años cuando
decreté en un servicio de la iglesia lo siguiente: "Estamos
convirtiendo las cárceles en escuelas". No sabía cómo
sucedería eso y no era mi trabajo saberlo. Mi responsabilidad era hablar lo que el Espíritu de Dios me dijo
que dijera, por lo que las palabras brotaron con poder
celestial.

Desde que emití ese decreto, nació R.I.S.E. —nuestro
ministerio de prisiones— y cada semana el equipo de la
iglesia ha estado enseñando y ministrando a entre 150 y
175 reclusos de mediana a máxima seguridad dentro de la
cárcel del condado de Cook, en Chicago. Las clases incluyen alfabetización (lectura y escritura), negocios y liderazgo, y un taller sobre cómo iniciar un negocio para crear
aplicaciones en las redes sociales. Como mencioné anteriormente, el equipo de R.I.S.E. organizó la primera feria
de trabajo de la cárcel "detrás de los muros", lo que resultó en la liberación de los reclusos con trabajos esperándolos en la comunidad. ¡Esto es algo asombroso! Y comenzó
con un decreto directo del cielo.

En efecto, las palabras "convertir las cárceles en escuelas"
todavía se están expandiendo sobrenaturalmente y ahora
están transformando las prisiones en la nación de Sudáfrica. Entrenado por nuestro equipo de Estados Unidos,
Bill Winston Ministries Africa ha dado inicio a R.I.S.E.
Sudáfrica, que imparte clases de negocios y alfabetización

a reclusos en establecimientos penitenciarios de toda esa nación. ¡Gloria a Dios!

Las palabras proféticas acarrean la habilidad sobrenatural de controlar el reino natural. La Palabra de Dios tiene un poder que lo controla todo. El tiempo no puede debilitarlo, las fronteras geográficas no pueden contenerlo y los gobiernos terrenales no pueden detenerlo.

ES HORA DE PELEAR

La iglesia de estos tiempos finales está experimentando un ataque directo del enemigo. A través del engaño espiritual así como de las leyes y las políticas impías, Satanás está intentando erradicar la Palabra de Dios de la faz del planeta. Satanás sabe que la Palabra de Dios, dada a conocer con fe, tiene el poder de controlar todo para cancelar maldiciones, revertir los efectos de las leyes impías y redirigir los destinos de generaciones y naciones.

La batalla está a las puertas de la iglesia, por lo que es hora de entrar en la pelea y a la manera de Dios. "Las armas con que luchamos no son del mundo, sino que tienen el poder divino para derribar fortalezas" (2 Corintios 10:4). Jesús, el primero de muchos hermanos y hermanas de la realeza, dijo: "El que cree en mí las obras que yo hago también él las hará, y aun las hará mayores, porque yo vuelvo al Padre" (Juan 14:12). Jesús calmó tormentas, sanó a los mutilados, resucitó a los muertos, pagó impuestos, convirtió el agua en vino, todo ello ¡con palabras! Ahora es nuestro turno de hacer lo que él hizo y de hacer cosas más grandes.

El profeta Isaías afirma que el Señor dice: "He puesto mis palabras en tu boca y te he cubierto con la sombra de mi mano; he establecido los cielos y afirmado la tierra, y he dicho a Sión: 'Tú eres mi pueblo'" (Isaías 51:16). Dios espera que "establezcamos los cielos" diciendo las cosas de acuerdo a su voluntad, la cual planeó para la tierra antes de la fundación del mundo.

Él prometió que su Palabra no regresaría vacía (Isaías 55:11). En un servicio dominical reciente, me impresionó decretar lo que sigue: "Estamos recuperando las escuelas públicas en Estados Unidos de América, en el nombre de Jesús". Sé que eso sucederá puesto que esas palabras eran de origen real, majestuoso. Por lo tanto, no pueden fallar.

Es hora de ascender a nuestra posición como gobernantes y pertenecientes a la realeza, tomando dominio sobre todas las obras de las tinieblas. Cree que se cumplirá lo que dices y todo lo que digas se te hará, de acuerdo a Marcos 11:23. Las palabras que pronuncies con fe desatan el poder de Dios para hacer realidad sus promesas en tu vida y en todo lo que te rodee.

¡Camina en la revelación de tu realeza hoy mismo! Juntos instituiremos el futuro que Dios ha escogido para nuestras vidas y para esta tierra.

NOTAS

Capítulo 4: Declara tu realeza en voz alta

1. Merriam-Webster, s.v. "decree," consultado el 30 de marzo de 2021, www.merriam-webster.com.

Capítulo 5: La visión de Tuskegee

1. Blue Letter Bible, s.v. "ya'bēṣ," consultado el 30 de marzo de 2021, www.blueletterbible.org.

Capítulo 9: De la información a la revelación

1. William J. Federer, George Washington Carver: His Life and Faith in His Own Words (Amerisearch, Inc., 2008), 9, 18-19, 44, 61; ver también Bill Federer, "Amazing Source for George Washington Carver's Ideas...the Bible," WND, 11 de julio de 2016, https://www.wnd.com; ver también William J. Federer, America's God and Country: Encyclopedia of Quotations, rev. ed. (FAME Publishing, Inc., 1994; Amerisearch, Inc., 2000).
2. Ben Carson, Gifted Hands (Zondervan, 1990), 184.
3. Scott Sorokin, "Thriving in a World of 'Knowledge Half-Life'", IDG Communications, 5 de abril de 2019, www.cio.com.
4. Como fue citado de Stephen R. Covey, Los 7 hábitos de las personas altamente efectivas (Free Press, 2004).
5. Chuck Yeager and Leo Janos, Yeager: An Autobiography (Bantam Books).

Capítulo 10: El creyente rico

1. T. L. Osborn, Lo mejor de la vida (Osborn Ministries International).
2. Ibid.
3. Ibid.

Capítulo 12: Efectos sorprendentes de tu identidad real

1. "Want to Be a Millionaire? Farrah Gray Says Ask Yourself Three Questions," KLTV, 28 de julio de 2006, www.kltv.com; see also "Chapter 18: Dr. Farrah Gray," Chicken Soup for the Soul, consultado el 30 de marzo de 2021, www.chickensoup.com; see also "Dr. Farrah Gray," Speaking.com, consultado el 30 de marzo de 2021, https://speaking.com.
2. "Psalm 72:18," Treasury of David, Bible Study Tools, consultado el 30 de marzo de 2021, www.biblestudytools.com.

Para contactar a Bill Winston Ministries en las redes sociales, visita: www.billwinston.org/social y conéctate con todos sus canales oficiales en las redes sociales.

Bill Winston Ministries
P.O. Box 947
Oak Park, Illinois 60303-0947
Teléfonos: (708) 697-5100
1-800-711-9327
www.billwinston.org

Bill Winston Ministries Africa
22 Salisbury Road Morningside,
Durban, KWA Zulu Natal 4001
Teléfono: 27 (0) 313032541
orders@billwinston.org.za
www.billwinston.org.za

Bill Winston Ministries Canada
P.O. Box 2900
Vancouver, BC V6B 0L4
Teléfono: (844) 298-2900
www.billwinston.ca
Centro de llamadas para oración
1-877-543-9443

Te invitamos a que visites nuestra página web, donde podrás apreciar la pasión por la publicación de libros y Biblias:

www.casacreacion.com

Para vivir la Palabra